イスラム金融の原理と経済

渡辺喜宏

三省堂書店
創英社

序言　イスラム金融からみる伝統金融の課題

　1970年代から80年代にかけての輝き—Japan as Number One（Ezra F. Vogel）と評された昇竜のような日本経済の輝きは、失われて久しく、競争力ランキングの低下、一人当たり国民所得、国債格付の低迷が続き、アジアの中でもシンガポール、香港に劣後する状況です。経済状況は、G7諸国中最下位ともされます。

　日本円の価値は下落し、実質為替相場は主要国のみならず、途上国通貨対比でも低落しています。通貨安から供給サイド、海外からのインフレ輸入で、物価への悪影響は大きくなっています。政府・日本銀行が目指した需要増加からの物価上昇と経済成長ではなく、貿易収支の悪化から低成長がもたらされ、消費者物価上昇に国民は苦しんでいます。

　対外相場の下落により、日本は今やバーゲンセールの対象となり、不動産その他の非居住者による投資・投機の対象となっています。

　少子高齢化、人口減少などの構造的要因がもたらした影響が大きいのは事実ですが、90年代のバブル崩壊後の経済・金融政策も低迷に預かっていると思われます。

　歴史を振り返ると、過去様々な思想家・経済学者が、市場に逆らって金利を人為的に低利とすることは、あらゆる悪を呼び込むこととなると警告しています。

　本書ではイスラム金融の原理を、伝統的な西欧の金融原理と対照しながら探っていきたいと考えます。
イスラム金融の根幹原則は、金利の禁止です。金利に代替して金融機関と事業者の間で、利潤或いは損失の配分比率を定めた融資契約が行われます。市場を通じた融資契約となります。利潤の配分は、当事者に委ねられています。市場金利が果たす役割が重視されています。

　一方伝統的な西欧の金融でも、歴史的には金利が禁止され或いは制限を受けてきました。現在でも過度な高金利は禁止され、金融政策を担う中央銀行などの政策金利を基礎として金融が行われています。

日本を始め伝統的な中央銀行の政策金利決定の考え方は、中立金利・自然利子率などをもとに、諸要因を分析し決定するとされています。
　この考え方については、青山学院大学特別招聘教授（元日銀総裁）白川方明様に本書巻末寄稿として貴重な論考を頂きました。是非ご高覧願います。
　伝統的な金融システムは、立て続く金融危機に見舞われています。金融危機の原因は様々です。危機に対応する国際協力システムの構築が進み、幸い金融恐慌の大事には至っていません。しかし危機の都度、経済は低迷し、政府の財政に負担が及び、各国の財政は悪化しています。
　コロナ禍や国際関係の危機もあり、金融と財政にストレスが掛かり、進んだインフレに経済成長が追い付かないスタグフレーションの恐れもあります。資産格差の拡大も心配されています。
　イスラム金融は、欧米の伝統金融と同じ源流からスタートし、植民地化で低迷していました。20世紀になって、イスラム圏の各国の独立により、モスリムの精神文化とともに、イスラム金融も復活してきています。
　メインストリームである欧米の金融は、大航海期・ペスト流行、ルネッサンス・産業革命などを経て、キリスト教による金利規制の弾力化が進み、大きく変化しています。イスラム金融を理解することは、欧米の金融のルーツとその発展の道筋を理解し、頻発する金融危機の本質を理解することにつながります。
　英国中央銀行のマーヴィン・キング元総裁は、「錬金術の終わり」という書を出版しています。現代の主流の金融は、高いレバレッジのもとで、マネーがマネーを生む錬金術の世界に陥って危機を招いていると指摘しています。
　本書では欧米金融の発展史と、当初の姿をとどめるイスラム金融とを対比し、金融の源の思想を探りたいと思います。実務家の眼で両者を対比しながら、金融のあるべき姿を探ることが出来れば幸いです。
　イスラム社会、イスラム金融には、なじみがなく、厳しい戒律と異次元の世界という印象を持たれている方は、多いと存じます。

ユダヤ教、キリスト教、イスラム教という唯一の神を信仰する教徒は、いずれも神から預言者が授かった言葉を記した聖典を持ちます。旧約聖書・新約聖書・コーラン（Quran）ですが、聖典の民といわれます。
　イスラム教徒・ムスリムの聖典は、Al-Qur'ānと呼ばれ、アラビア語の意味は"The Recitation"或いは"The Reading"を表します。美しく響き朗読され又暗唱される神の言葉とされます。
　イスラム教の厳しい戒律や罪を犯しても、神に対する信仰を維持していれば、救われるとされます。
　Quran 39 Az-Zumar Throngs　群衆
　53 Say, 'O My servants who have transgressed against themselves [by sinning], do not despair of the mercy of Allah. Indeed, Allah forgives all sins. Indeed, it is He who is the Forgiving, the Merciful.'
　罪を犯した私（神）の従僕たちよ、神の慈悲をあきらめるな。神はすべての罪を許してくださる。神こそは慈悲深く許しを与える。
食事の禁忌なども、生存の危機にあれば許されるとされます。姦淫の罪は石打の対象ですが、四人の証人が立証のために必要です。
　食事の戒律や精神文化は、元来「不許葷酒入山門」とした仏教文化の日本と似通ったところも多くあり、日本に親近感を持つイスラム社会の方は多くおられます。
　日本社会で、イスラム世界の文化になじみがうすいのは、日本に居住しているモスリムの方が少ないことに、一つの原因があります。日本でのイスラム教徒は、早稲田大学店田廣文教授の調査によると2019年126千人に過ぎません。一方、世界のモスリム人口は、20億人を超えているという推計があります。
　Pew Research Centerは、世界のモスリムは2010年の16億人から2030年には、22億人に達すると予測しています。世界人口の4分の1を占めます。中でも発展するアジアの大国が、上位独占です。
パキスタン2.56億人（世界最上位）、
インドネシア2.38億人（2位）、

インド 2.36 億人（3 位）、
バングラデッシュ 1.87 億人（4 位）

　アジアで、その経済成長が大きく期待されるインド、インドネシアは、それぞれ 2 億人を超えるモスリムを有する大国であり、日本企業にとって貿易と現地での経済活動のためには、モスリム－イスラム教徒の考え方やイスラム経済の原理、金融の原理の理解が欠かせません。

　私は金融実務家として、東京銀行・東京三菱銀行・三菱東京 UFJ 銀行で、国際金融に従事しました。海外勤務中に、モスリム社会との取引経験がありました。2005 年、同行アジア本部長兼マレーシア現地銀行会長として、マレーシアで、イスラム金融の取扱いを開始したいと考えました。業務開始に如何に手を付けるべきか？　準備のためマレーシア中銀の副総裁にお会いしました。

　面談に先立つ国際金融協会クアラルンプール会合で、マレーシア中央銀行ゼティ総裁（当時）が、「マレーシアで、イスラム金融の国内市場占有率 3 割を目指す」、と宣言するのをお聞きして、東京三菱銀行マレーシア現地法人（当時）が、イスラム金融に参入する機会を逃してはならないと考えたからです。

　副総裁との面談では、マレーシア中銀は、イスラム金融国際教育センター（INCEIF）を、面談の翌年創設予定であるとお聞きしました。又副総裁は東京三菱銀行（当時）現地子銀行の職員を、イスラム金融要員として同校で学ばせることと、幹部である私もイスラム金融を理解するよう入学することを勧められました。私は同校で Chartered Islamic Financial Professional Degree（修士相当）取得のため、通信教育を受講することとし、マレーシア大使館で、科目毎の世界同時試験を受け続けました。5 年かけて 2012 年に、日本人としては初の INCEIF 卒業生となりました。卒論では、当時開設機運のあった東京イスラム債市場のエコシステム構築状況を論じました。

　その後、後任の努力で、同銀行はイスラム金融事業を始め、2017 年には MUFG BANK（MALAYSIA）BERHAD は、ベスト・イスラミックホールセール・バンクとしてグローバル・イスラミック・アウォード

を受けています。マレーシアの金融市場は、伝統金融とイスラム金融の二重システムとして発展し、イスラム金融は、令和3年末の同国銀行金融残高の35.5％、48兆円、債券市場で41％、58兆円に上り、ゼティ元総裁の目標は実現しています。

本邦では、東京市場の国際化の一環として関係者の努力で、イスラム債発行・上場・流通・決済・保管などの法整備・市場整備ができました。2011年には日本版イスラム債に係る法制、税制の整備が図られ、2012年4月から日本版イスラム債スクークの発行が可能になりました。

しかし残念ながら、リーマンショック後の日本の国内市場では時宜を得ず、イスラム債の発行引受・販売事業を手掛ける金融機関は現れませんでした。東京市場国際化の一歩は、頓挫しました。

イスラム債の引き受け・販売には、新規事業に常に付きまとう事業リスクがあり、採算がとれるか不確実性がありました。当時の金融市場環境から、金融機関の体力は低下していました。新規事業に踏み出すリスクを回避せざるを得ない背景がありました。

低金利の続く環境下で、新たな事業リスクを取ってゆく決断は、なかなか難しかったことがあります。発行体側には強い需要があり、筆者は、イスラム国際金融機関から、イスラム債（サムライ・スクーク）の、日本国内での引受・販売機関を、紹介してほしいとの依頼を受けましたが、筆者の努力不足もあり、適切な国内金融機関を見つけることが出来ませんでした。

現在日本の金融機関の体力は回復しており、東京国際金融市場実現に向けた、再度の挑戦を期待しています。海外では、イスラム債始め多くのイスラム金融取引を、多くの日本の金融機関が取り扱っています。

目次

序言　イスラム金融からみる伝統金融の課題……………………………… 3

第一章　イスラム金融と貨幣・金利と利潤……………………………… 11
　聖典の民と通貨・金利の歴史……………………………………………… 13
　キリスト教世界での金利、その位置づけの変遷………………………… 16
　歴史的な主要事象…………………………………………………………… 17
　スコラ哲学者の見解（13世紀～17世紀）………………………………… 17
　Medici家の銀行業務と金利規制の緩和 ………………………………… 20
　イスラムの教えと金利……………………………………………………… 26
　イスラム金融の重要な禁止項目と通貨価値の維持……………………… 27
　Riba禁止とその適用 ……………………………………………………… 32
　通貨価値の維持・商品価値の計測と量目の正確さ……………………… 33
　金利を経済システムの中心とするシステムへの批判…………………… 35
　本章のまとめと日本経済…………………………………………………… 37
　資産の退蔵禁止と資産の有効活用………………………………………… 38

第二章　投資とイスラム金融…………………………………………… 49
　イスラム世界と投資………………………………………………………… 50
　イスラム社会における投資………………………………………………… 67
　イスラム投資におけるリスク管理………………………………………… 75
　有価証券投資におけるスクリーニング…………………………………… 78
　投資におけるFinancial Screening、1/3ルール ………………………… 80
　イスラム投資とpurification ……………………………………………… 81

第三章　イスラム金融の禁止項目 Gharar …………………………… 85
　Ribaに匹敵するGhararの禁止 …………………………………………… 86
　現代の経済・金融論と不確実性…………………………………………… 87

近年の国際金融・資本市場での不確実性への対応……………… 88
　　伝統的金融資本市場での投資とその不確実性………………… 95
　　イスラム法理とイスラム金融法の解釈論………………………… 96
　　Gharar イスラム法学派の創設者別の定義……………………… 105
　　イスラム金融－商品の信用売買、債権の売買例と
　　　　Gharar の解釈……………………………………………… 109
　　Takaful イスラム式保険 ………………………………………… 113

第四章　イスラム金融と Time Value of Money ………… 121
　　伝統金融における Time Value of Money ……………………… 122
　　イスラム教と時間………………………………………………… 123
　　伝統金融・経済の基礎としての Time Value of Money（TVM）… 125
　　時間選好に関する日本の経済学者の論考……………………… 130
　　イスラム金融における Time Value of Money ………………… 131
　　Al Qard Al Hasan における Time Value of Money ………… 139
　　インドネシアでの al-Qard al-Hasan …………………………… 142

第五章　伝統金融の危機とイスラム金融……………………… 147
　　米国ヘッジファンド Long－Term Capital Management
　　　　（LTCM）…………………………………………………… 150
　　Quran al A'raf The Elevations ………………………………… 152
　　2008 年、米国大手投資銀行リーマン・ブラザーズの破綻に
　　　　象徴される世界的な金融危機………………………………… 154
　　サブ・プライム住宅抵当証券に端を発する、危機の進行過程に
　　　　見られるイスラム教の関連原理への抵触…………………… 156
　　絶対的な不確定性（Gharar）の禁止・投機（Maysir）の
　　　　禁止中庸からの乖離、利益極大化…………………………… 158
　　CDS（Credit Default Swap）の役割と格付け機関
　　　　イスラム金融と保険　不確実性（Gharar）………………… 160
　　ドバイで起きた不動産市場の崩壊に伴うドバイショック………… 162

第六章　イスラム金融とイスラム経済……………………………… 167
- 近代経済学における Value and Justice………………………… 170
- イスラムの基本理念…………………………………………… 171
- イスラムにおける正義・衡平などの重要な概念の英語表現……… 173
- イスラム哲学・経済学の発展………………………………… 174
- イスラム圏経済の発展の遅れとその要因…………………… 176
- イスラム経済の停滞と欧米植民地主義との違い…………… 177
- イスラムから見た奴隷と労働………………………………… 181
- サラディン……………………………………………………… 183
- イスラム経済の停滞…………………………………………… 183
- イスラム思想に基づく規範的経済…………………………… 186
- イスラム金融の効率性と伝統金融の代替可能性…………… 188
- イスラム諸国の経済…………………………………………… 189

巻末寄稿
ゼロ金利について思うこと―政策金利、市場金利、中立金利―
　　白川　方明　青山学院大学特別招聘教授（元日本銀行総裁）… 195

あとがき………………………………………………………………… 199

第 一 章

イスラム金融と貨幣・金利と利潤

Money is the root of all evils 貨幣こそあらゆる悪の根源である
− Kiyotaki and Moor 2002

本章では、イスラム金融による貨幣と金利の取り扱いを論じる。

始めに欧州の伝統金融における金利の歴史をレビューしたい。イスラム教徒と同じく聖典の民とされるユダヤ教徒・キリスト教徒の金利観、そしてヨーロッパ思想の源流・ギリシャ哲学者の金利観である。

アラブでribaとして禁止される金利Interestの語源に付言したい。アラビア語のribaは、excess、increaseとされ、超過、増加、成長を表すとされている。(Islamic Economics and Finance A Glossary: Routledge International Studies: Muhammad Akram Khan)

英語のInterestは、ラテン語inter（間）とesse（存在）に語源があり、間にある存在の意味とされる。(andaluspublication.com)

7世紀のイスラム教の確立に際し、金融と金利に関するQuran・Hadithの言葉は、歴史的な欧州の金融、金利観と共通する。欧米の金利観は、貨幣経済の発展、ペストによる教会の権威の低下などを原因に、宗教改革・ルネッサンスの時期に大きく変化している。

イスラム金融の金利・貨幣観に、現在の欧米流の伝統金融を評価するうえで重要な示唆がある。

QuranとHadithの言葉から、現代の金融政策の根幹であるMonetary BaseとMoney Stock M2、貨幣の流通速度、物価に現れる貨幣の購買力を考えてみたい。

宗教改革以前、伝統金融の世界で、又イスラム金融の世界では、現在に至るまでもmoneyには決済機能と価値表示機能はあるが、金、銀などの本位貨幣の他、money自体に内在的な価値はないとしている。伝統金融市場とイスラム金融市場において、moneyは如何にして生まれ、money増加は如何にして起こるのであろうか？

イスラム銀行は、伝統銀行と同様に、銀行が信用リスクを取ってイスラム式の融資を行い、預金準備率とその信用乗数から、市場を拡大させ

ている。金融市場は、商取引の増加による銀行の信用創造によって拡大してきた。貨幣の誕生には、二つの説があるとされる。外生的貨幣供給論と内生的貨幣供給論である。money が誕生した歴史から、金利が誕生する歴史を振り返って見たい。

聖典の民と通貨・金利の歴史

　ユダヤ教徒、キリスト教徒、イスラム教徒は、ともに聖典の民として、聖典である新旧の聖書 (the Bible)、Holy Book ＝ Al-Kitāb al-Muqaddas、Quran に拠って金利を扱かっていた。金利の歴史と riba 或いは usury について、ソロモン・ブラザースのパートナーであった Sidney Homer（1983 年没）と、ニューヨーク大学 Stern School of Business 名誉教授 Richard Sylla が包括的な研究をしている。

　History of Interest Rates: Wiley Finance 出版　第 4 版、2005 年は 700 ページを超える大著であり、有史以来の金利の扱いに詳しい。

　同書によれば、古代の貸借には、生産にかかわる種もみ、土地、繁殖用の家畜等農業資金の貸借、そして慈善、日常生活用の消費資金貸借の 2 種に分類される。これらには長期資金と短期の資金がある。売買決済用には、古代は貝、琥珀、宝石などの決済に適したものが使われたとする。

　生産財は、種もみ、道具、家畜の群れなどが資本として蓄積され、中東では、棗椰子の実、オリーブ、イチジク、木の実、穀物の種が貸し出され、植付け・育成・収穫後の増分と共に、元本が返却されたとする。原初的な決済手段としての商品は数多くあるが、このうちイスラム金融では、Hadith に使徒の言葉として特定された金、銀、塩、小麦、大麦、棗が含まれる。

　これらの疑似通貨としての商品にかかる増分－利息は、商品種類、地域・時代によって、又貸付期間によって変遷するが、通常年率 20％〜100％ の増分、対象によっては 100％ を越える増分がとられていたと History of Interest には記されている。

これらの商品は、内在的な価値（intrinsic value）を持つ。同質・同量の商品は、交換決済に使われると同時に、それ自体が価値あるものとして投資や通貨価値のある商品としても保存されたとみられる。

　近代にいたっても、金・銀は本位貨幣として価値表示、保管、決済に使われてきた。兌換券も同様な機能と価値があった。不換紙幣は、国家の信用を背景に、同様な機能を持ちうるが価値は安定しない。又紙幣や現在のコインにはそれ自体に内在的な価値は、ほとんどないか少ない。

　原初の取引は、物々交換や内在的な価値を持つ商品を介在させた取引だったと考えられる。この段階でも取引は、場所の違いからの移動時間、取引と決済引渡しの時間差を背景に、信用取引があったとされる。信用取引があるところでは、時間差に商品価格差が加味される。

　信用が発生すると、取引に増分が発生し、金利・手数料の発生が考えられる。通貨が通貨を生み得る状況である。内生的に貨幣が生まれる歴史であったと思える。

　BC 1792-1750 Code of Hammurabi では、穀物の貸借に年利率33.3％が上限、銀の貸借は年率20％を上限とし、貸手が借手から不当な利益取得を得ることを禁じ、経済の均衡を図ったとされる。

　イスラム成立以前のアラブ社会では、貸借関係で借手の不払いには、借手とその家族も含め奴隷化して、損失が回収できるとされた。社会の階層化が進んでいたとされる。イスラムの教えで、金利はイスラム社会で全面的に禁止された。

　以下では、ユダヤ教徒とキリスト教徒の貸借と金利に対する教えを、新旧両聖書を紐解き、神の言葉から見てみたい。

旧約・新約の両聖書での貸付増分と神からの使徒への預言
－British Usage Edition of the Bible 1976 American Bible Society published the 1979 version

　ユダヤ教徒は、旧約聖書のモーセ五書と注釈書をトーラと称し、重んじている。モーセ五書は、創世記、出エジプト記、レビ記、民数記、申命記である。

旧約聖書

出エジプト記　Exodus 22-25　紀元前13世紀頃
（バビロニア帝国の時代）

　If you lend money to any of my people who are poor do not act like a money-lender and require him to pay interest.
－神による、私の民である貧しい人々から利息を取ってはならないとの預言

申命記　Deuteronomy 23-19, 20　紀元前7、6世紀頃
（バビロニアからアッシリアの頃）

　When you lend money or food or anything else to a fellow-Israelite, do not charge him interest.
　You may charge interest on what you lend to a foreigner, but not on what you lend to a fellow-Israelite. Obey this rule, and the Lord your God will bless everything you do in the land that you are going to occupy.

　旧約聖書では、ユダヤ教徒が同胞のイスラエル人から貸金や食品の貸付で金利をとってはならないが、異邦人からは可とする。レビ記25－35では、同胞のみならず、貧しい人、寄宿者や滞在者からも金利を取ってはならないとしている。
　イスラムの教えは、神の下に人はみな平等であり、損益分担を前提としない異教徒からの金利徴求も、すべて禁止している。聖書の言葉は、Quranによる使徒への神の預言と異なる。使徒はその予言を受け、教義を布教する過程で、当初宥和的であったユダヤ教徒、キリスト教徒に対する厳しい対応をとってゆく。メディナに聖遷し、メッカの有力氏族との対立に際し、ユダヤ人がメッカと通じていたことが主因と考えられるが、一因に、ribaに対する両宗教、ユダヤ教との教えの違いがあったかもしれない。中世のイスラム圏、小アジアなどでは、ユダヤ教徒、キリスト教徒に対して、イスラムの為政者は自由な商売を認め、宥和的

であったとも伝わる。

エゼキエル書　Ezekiel 18-8, 9　紀元前6世紀　バビロニアの捕囚期
　He doesn't lend money for profit. He refuses to do evil and gives an honest decision in any dispute. Such a man obeys my commands and carefully keeps my laws. He is righteous, and he will live.
　利益のための融資をしない人は義人であり、義人は復活する。

Politics: Aristotle　アリストテレス政治学　紀元前4世紀
Jowett's Translation, p. 19
　The most hated sort, and with the greatest reason, is usury, which makes gain out of money itself, and not from the natural use of it. For money was intended to be used in exchange, but not to increase at interest. And the term usury, which means the birth of money from money, is applied to the breeding of money from money, because the offspring resemble the parent. Wherefore of all modes of making money this is the most unnatural

－欧州文明の発祥の地、ギリシャの哲学者アリストテレスは、その著書、政治学で上記のように述べている。
　最も憎むべきはusuryである。マネーはマネーを生むものでなく、交換のために作られた。生まれたマネーは親に似るusuryであり、あらゆる種類の、マネーがマネーを生む行為は、最も自然に反する。

キリスト教世界での金利、その位置づけの変遷

新約聖書
ルカによる福音書　Gospel of Luke 6-35　1世紀後半の書

No! Love your enemies and do good to them; lend and expect nothing back. You will then have a great reward, you will be children of the Most High God.

－敵を愛し、何の返済も期待しなければ、神の御子となる

　古代から中世にかけて、キリスト教世界における金利の禁止は、絶対的なものとされた。Sydney Homer と Richard Sylla はローマ法王庁、清教徒革命を起こしたルターなどの金利の扱いを論じている。

歴史的な主要事象

AD 325 年　The First Council of Nicaea

　Encycropaedia Britannica は以下のように記載
　'It issued decrees,～、a condemnation of lending money at interest by clerics～'　僧侶による金利付き融資の禁止の教皇令が発せられた。

Saint Jerome　ヒエロニムス　AD 340-420

　ヒエロニムスは信者たちへの手紙など様々な機会に、旧約聖書 Ezekiel 書の金利禁止は、同胞のみならず異邦人にも及ぶという、金融の倫理性の主張をしている。

Pope Eugene III、Pope Alexander III など 12 世紀の法王

　いずれも融資元本以上の果実を、住宅抵当、信用販売などで受け取るのは usury として布告で禁じている。

スコラ哲学者の見解（13 世紀～ 17 世紀）

　スコラ哲学は教会で発展し、金利と usury の議論も展開された。代表的な哲学者として Thomas Aquinas が、研究されている。

The University of New England Adrian Walsh J, Constant Mews「St. Thomas on Usury and Interest」
本書では、St. Thomas Aquinas は Legitimate Interest と Illegitimate usury を区別していたとされる。イスラム金融では融資の倫理性を重視する。現代金融では、金融危機が頻発しその一因に貪欲・不正がある。St. Thomas Aquinas は、融資に伴う不正義と罪悪とを避け、経済的合理性を、自然法の観点からも調和させ保持すべきとする議論を展開している。

Summa Theologiae Second Part of Second Part Q. 78
The Sin of Usury: Thomas Aquinas　トマス・アクィナス　13 世紀

To take usury for money lent is unjust in itself because this is to sell what does not exist and this leads to inequality which is contrary to justice.

Now money, according to the Philosopher（Ethic. v, 5; Polit. I, 3）was invented chiefly for exchange: and consequently, the proper and principal use of money is its consumption or alienation whereby it is sunk in exchange. Hence it is by its very nature unlawful to take payment for the use of money lent, which payment is known as usury: and just as a man is bound to restore other ill-gotten goods, so is he bound to restore the money which he has taken in usury.

―トマス・アクィナスは、本書で哲学者アリストテレスの Ethic を引用し、マネーの本質は決済での利用で、マネーがマネーを生まないとしている。金利徴求により不平等が生まれ違法とした。

スコラ哲学の主要論点
1. 金利は内在的な悪として排斥されているが、自然法の観点と人間の理性に即した観点からは、金利付き融資の意図、借り手の状況、経

済状況で対応は異なるべき。
2. 借入人の状況によるが、金利に貸手の損失を補う役割があり、時間経過による貸手の機会損失の負担、貸手のリスクの負担補填もある。
3. 社会に有用で、さらに経済発展の機会をもたらすか。
4. 教会は原則論として usury の禁止を維持していた。
5. 国家による強制的な借入の利息は usury ではない。
6. 組合形式（societas）でのパートナーへの支払いは、パートナーが、リスクをとり労力を負担していれば usury ではない。
7. 組合形式で、特別パートナーへの実働パートナーからの損失補償と固定リターンの支払は、拠出金に対し年率5％が慣行となっていた。リスクをとらない融資ではないかと論争の的となった。

教会の金利規制の変化
フローレンスの通商と Money　13世紀〜

　教会と通商、神と Money の関係がルネッサンス期には大きく変化する。その背景にフローレンス、ジェノバなどイタリアの都市での貨幣経済の発展が指摘されている。

　フローレンスでは、ヨーロッパ各地から羊毛の買付、東方からミョウバン、染料を買付けた。その職人が染色し、優れたデザインで衣服とし、世界各地に販売し財を成した。この通商のための Money の取扱いに組合、有限会社、小切手、外国為替、信用状、荷為替、保険、貸借対照表などを発展させた。これらの取引には紙が利用された。

　同時期には唐の時代の紙の製造技法が、イスラム圏を経て、イスラムムーア帝国スペイン Xativa に1144年、イタリアには、フローレンス南東のファブリアに1276年に伝わった。

　これらを利用したフローレンスは、通商と高金利融資を通じて莫大な富を築いた。フローリン金貨（Gold Florin）が誕生する。

　この過程で、usury とされる高金利融資に対するキリスト教の規制緩和には、様々な要因が指摘されている。Age of Faith は去り、ルネッサンスの誕生である。

ルネッサンスに至る過程では、ペストの流行があった。中国から中央アジア、コーカサスを経て広がったペストはクリミア半島からヨーロッパに侵入した。1347年にはシチリア島へのペストの上陸があり、その大流行で、農村と都市は人口減少が大きい。フローレンスでは、死者は人口の半数に達したと伝わる。教会自体も多くの死者を出し、その権威は失墜した。市と法王庁との対立が生じ、市は法王と戦いを始めた。市民すべてが法王から破門され、秘蹟を受けることが禁止された。しかしフローレンスの神父は、法王庁から独立し、洗礼などの秘蹟を授け続けた。ヨーロッパ社会の変革をもたらした。

Medici 家の銀行業務と金利規制の緩和

　フローレンスの発展とともに、メディチ家が登場する
ジェノバでの預金銀行業務、フローレンスでのマーチャント・バンキング業務が発展した。顧客は法王庁、貴族・商人等であった。
　教皇の資金管理、ネットワークを利用した通商、為替取引、融資と投資事業などで、多大な金利と投資利潤を得ていたとみられる。
これらの取引では準備通貨（金銀などの正貨）の 3.5 倍の迄の融資がされた。
　メディチ家はジョヴァンニ（1360-1429）、コジモ（1389-1464）の時代にその礎を築き大発展した。
　法王庁を Trade による Money で掌握した。
The Great Schism（カトリック教会分裂期）　1378-1417
　法王庁は、アビニョン、ローマ、ピサの 3 法王に分裂し、さらにドイツ南部のコンスタンツにも法王が誕生した。
Pope John XXIII（ヨハネ 23 世）
　メディチ家全盛の礎を築いたジョヴァンニとコジモのバックアップで、法王として登場し、1419 年迄在位した。
　ジョヴァンニとコジモから 150 年の時を経て、法王庁にはメディチ家の人間が入り、さまざまな規制が緩和される。

Pope Leo X（Giovanni di Lorenzo de' Medici）在位　1513-1521.
Pope Clement VII（Giulio di Giuliano de' Medici）　在位　1523 to 1534.
Pope Pius V　1567
　ピウス五世は非公式ではあるが、トマス・アクィナスの節7の組合による5％契約を許可した。

　（この時代の金融業のレバレッジは5倍以下とみられる。因みに、現在のバーゼル規定は、Tier1 + Tier2 自己資本比率10.5％である。資産のリスク量の換算は1倍ではなく、国債やリスクの低い資産が含まれる。グロス資産保有（融資等）のレバレッジは10倍を超えられる。国際的に重要な金融機関GSIFISにはレバレッジ規制がはいっているが、今日、一般銀行のリスク量は、当時の銀行の自己資本に比べると、膨大なレバレッジで業務を行っている。）
　現在のバーゼル規定によるレバレッジが高すぎることが、繰り返す金融危機の原因と元イングランド銀行総裁マーヴィン・キングは、その著書 The End of Alchemy 錬金術の終わりで述べている。

～15世紀
　国家の強制的な資金調達－借入には金利を付しても許され、これはusuryではないとされていた。
Pope Martin V & Calixtus III　1425 & 1455
　Censusと称される取消可能な個人向け土地担保融資に、金利（年払契約）を付けることを認めた。

Martin Luther　1483-1536
　ルターは、宗教改革で旧約聖書モーセの戒律を守る義務はないと宣言したが、当初金利については厳しい規制論をとったといわれる。
しかし彼の立ち位置は変化し、5～6％の金利は問題なく、担保付き融資であれば8％まで可とした。

From the standpoint of an ideal order of society, interest could not be permitted, but men being so imperfect, it cannot be conveniently eradicated, and so it was better to allow it within certain limits by Luther in his later days. (出所 Eugen von Böhm-Bawerk: Capital and Interest)

Carolus Molinaeus（ラテン名モリナエウス　Charles Dumoulin シャルル・デュムーラン）AD1500-1566:
　Tractatus Contractuum et Usurarum redituumque pecunia Constitutorium　AD 1546 フランスの法学者　ローマ法、教会法、自然法に通じ、金利を認める理論を構成した　ルター派からカルバン派に転向
　ベーム・バヴェルクは「The book is a major work. Molinaeus defends interest at a maximum prescribed rate」と評した。シャルル・ドムーランは Jus divinum －神の法、Holy Writ（聖書）の解釈が間違っているとして、金利を認めた。バヴェルクの Capital and Interest によれば、シャルル・デュムーランは、金利は費用として、経済的に正しく認め、借用者は、資金を利用して多大な利益を手にすることが出来るとした。シャルル・デュムーランは、マネーの使用は、マネーは資本からまとまったマネーとして分離独立しており、資産として利用し、使用料（金利）を支払いうると理論づけた。シャルル・デュムーランの議論はカトリックの教義に反するとして、亡命を余儀なくされたが、彼の著書は繰り返し出版された。

John Calvin AD 1509-1564　Tractus Contractum et Usraram redituumque Pecunia
　以下は Eugen von Böhm-Bawerk の Capital and Interest からの省訳
　ジャン・カルヴァンは、money は money を生まないとする通貨の不胎性に挑戦した。(Pecunia non Parit Pecuniam) 金利を認めた最

初の神学者とされる。異教徒であれば金利をとれるとしたユダヤ教徒の信仰は、usury であるとして非難している。

　一方で金利を取ることは、すべてが非難されるものではないが、同時にすべて許されものでもないとし、貧しい同胞と国家の福祉、公正さと慈善の精神に反せず、最高金利の制限法制に反しなければ許されるとした。緊急に金を必要としている者から、金利を取ってはならないとした。

　家や土地は money を生まない。家は屋根、壁で雨風をしのぎ、貨幣との交換で、貨幣を得ることが出来る。同様に土地を money で得て、土地からの収入を得ることが出来る。利用されない貨幣には胎性はないが、利用して貨幣を得ることが出来るとした。

英国での金利

Henry VIII AD1545	金利規制を廃止　法定金利を定める 年利率10%　民事・商事共に適用
Edward VI AD1552	上記金利規制を廃止、利率を定めず プロテスタント急進派が推進
Queen Elizabeth I AD1571	再廃止ただし、利率は特定せず

Some Considerations of Consequences of the Lowering of Interest Rate: John Locke 1632-1704　議会への書簡

　Borrowing money upon use is not only, by the necessity of affairs and the constitution of human society, unavoidable to some men; but to receive profit from the loan of money is as equitable and lawful as receiving rent for the land.

―ジョン・ロックは、金利は市場によって決まるべきで、法定すべきでなく、土地の使用代を借手が支払うのと変わりないと論じた。投資と金利の関係を論じている。John Locke の所論は、金利の制限批判のみでない。「第二章　投資とイスラム金融」を参照願いたい。

Capital and Interest: Eugen von Böhm-Bawerk (1851-1914) 1884

Canonist prohibition from its earliest rise far into the 18th century. 12th century of our era is observable to a noteworthy departure of the literature. Before that century the controversy is mainly confined to the theologians. To prove the unrighteousness of loan interest appeal is made to God.

~The canonists' loan interest is simply an income which the lender draws by fraud or force from the resources of the borrower.

He, the borrower sells time, which belongs to the borrower just as much as it does to the lender and to all men. We may regard interest always appear as a parasitic profit. This judgement was not applied to interest that accrues from lending of durable goods, such as houses, furniture, etc. The principle of this kind was not challenged.

－オーストリア学派で、財務大臣を務めたベーム・バヴェルクは、Capital and Interestで、歴史的な金利観と教会法、神学論による金利についての規制と金利、宗教改革と啓蒙主義者による金利論を紹介した。資金の限界効用論考、生産からの利潤、節制主義論などである。

生産過程に時間と労力を要すること、生産物が材料に付加価値がついた製品となることから、資金の提供者への時間に応じた金利支払いが正当化される。資本による生産性が金利を生むこと、又Principles Economics: Carl Menger (1840-1921) オーストリア学派の祖1871にあらわされた限界効用論他、貨幣論、資本論などの著書があり、ベーム・バヴェルクは本書を参考にしている。

The Purchasing Power of Money: Irving Fisher（Yale University）1896年から1909年の経済観測書

　物価、マネーストック量、マネーの流通速度、商取引量の関係が論じられている。通貨の購買力について、アメリカの経済学者アーヴィング・フィッシャーは、上記観察結果から、物価、マネーストック量、マネー流通速度、商取引量の相互関係を論じた

　the level cf prices varies directly with the quantity of money in circulation, provided velocity of circulation of that money and the volume of trade which it is obliged to perform are not changed'

　(Chapter II Purchasing power of money as related to the equation of exchange)

－1909年の貨幣の流通速度は21.1、預金52.8と調査されている。
　当時の調査では貨幣の流通速度が変わらなければ、貨幣の供給増により物価は相応の上昇を示すが、一万貨幣の供給増で流通速度は落ちるというものだった。（流通速度減少は、GDP減少につながる）

　近年のアメリカのマネー流通速度、イスラム圏マレーシアのマネー流通速度と日本を比較してみる。
2023年12月日本
Money Stock 1240兆円、GDP名目598兆円、Velocity 0.48
2023年12月アメリカ
Money Stock 20.8兆ドル、GDP名目27.3兆ドル、Velocity 1.36
2021年　マレーシア
Money Stock 2.2兆リンギ、GDP名目1.5兆リンギ、Velocity 0.68
（世銀統計と各国中銀統計による）

　近年の米国の経済成長には、財政拡大と長期国債の大量発行による背景があった。中央銀行であるFRBは、長期金利の操作からは、戦後の

一時期の失敗に懲りて、遠ざかっている。FRB は、2024 年 8 月現在短期資金市場では Monetary Tightening －資産の圧縮の段階から緩和に向かっている。一方で膨大な財政赤字のための長期国債発行が継続している。米国財政と金融市場の将来が不透明になってきている。

　イスラム圏マレーシアの Money Stock の流通速度は遅い。イスラム金融市場は、同国市場の 3 割を超えているが、マネーサプライと経済成長の関係が、日本と同じく、緊密には結びついていないように見える。

　因みに 2021 年 2 月の議会証言でパウエル FRB 議長が、貨幣数量説は古いと発言した。貨幣の中立性からマネーを増やしても、流通速度が維持されず、商量が増えず、GDP は増加しないとされる。

　本章の始めに付言した貨幣の内生的供給論であるが、日本の量的金融緩和によるマネタリーベース（銀行券残高＋民間銀行などの日銀準備預金）は、過去十年で 5 倍前後に増大した。しかしマネーストックは 1.5 倍程度にとどまっており、民間銀行の信用創造による貨幣供給の増加には至っていないことを示している。

イスラムの教えと金利

　イスラム金融の諸原理は、イスラム教の概念 Tawhid にその淵源がある。Tawhid は、宇宙すべての創造者・全知全能の単一神のみを信じることを根幹とする。神の言葉、神の使徒 Muhammad（使徒に平安を）の言、行、黙認などからの諸原理・律法が、宗教に限らず政治、経済、民事・商事などすべてを導く。

　使徒への啓示である神の言葉は Quran に記され、使徒自身の言葉・行動から補完される sunnah（確立された慣習、正しい先例、行為など）は、Hadith に集成されている。この二つの聖典が、神と人、人と人、人と事物との関係、信者自身の行動と考えのあり方すべてを司る。

　神と人の間には、使徒がいた。イスラム教では、使徒は最後の預言者とされ、使徒の後、新たに神の言葉を預かる使徒とされる人物はいない。イスラム教では、モーセもイエスも使徒同様に、預言者であって神では

ないとされる。

　イスラム教の世界で、イスラム法学者は、神からの使徒への預言 Quran と使徒自身の言葉、行動の集成 Hadith に通じ、宗教面のみならず日常生活における律法も、この二聖典に従い解釈される。法学者を含め、神の下ですべての人は神の召使いであり又代理人でもある。人は身分にかかわらず、イスラムの教え、六信、五行に忠実で、行為と言葉に表現していれば、等しく来世で救われるとされる。

イスラム金融の重要な禁止項目と通貨価値の維持

　イスラム金融での重要な禁止項目として Riba の禁止、Gharar の禁止とさらに資産の退蔵（Hoarding）の禁止がある。また通貨価値の維持は、重要な原則として Quran、Hadith に挙げられている。
　本節では、Quran での Riba 禁止、Hoarding の禁止、Hadith による通貨価値の維持の重要性をとりあげたい。

Riba の禁止
　イスラム金融の大原則に riba の禁止がある。イスラム教徒には、資産は退蔵せず有効に活用し、利益の追求が奨励される。資産を退蔵するのは禁じられる。一方リスクを取らず、又労務も提供せずに、事業の成否にかかわらず融資資産の将来の増分を仮定し、その内一定部分を、事前に取り決めた金利として徴求することは riba として禁止される。
　イスラム金融の世界は、金利のない金融の世界とされる。
　宗教改革以前の伝統金融の世界においても、時間の経過によっても money は money を生まないとする money の sterile（不胎性）な本質への認識は共通であった。
　資金が必要とされる者に、資金を提供し、リスクを取り、ともに事業に参画して損益をシェアすることが、あるべき姿と考えられている。単に資金を提供する場合は、事業の結果のリスクを資金面でとって、事業が失敗した場合、負担した資金の返済は求めず、利益が出た場合には、

その利潤は、事業者との事前の損益の配分契約に基づき、元本返済に加え、利潤の一部をシェアすることは奨励される。しかしこの場合、利潤の分配の適正さも求められる。

　アラビア語の riba は、増分、成長、拡大を表す。金利は、通貨が通貨を生む増分であり、借り手の事業の損失の有無や貸手の事業への参画の有無にかかわらず、利潤の一部でない予め定めた利率の金利を徴求するのは riba の禁止にあたる。貸付元本の契約増分を徴求することの禁止であるが、貨幣に限らず商品・穀物などの貸借に伴う増加分も、その取扱い次第で riba al-fadle として徴求禁止の対象となりうる。
一方元本や利潤の一部を約束に反し、資力があり支払い可能にもかかわらず、支払わないことも禁止される。

　Quran 4　Al-Nisa（ayah 原義 sign of God）Woman
　58
　Allah doth command you
　To render back your trust
　To those to whom they are due
　And when ye pledge
　Between man and man
　〜
　For Allah is He Who heareth
　And Seeth all things

− Quran の本節では、約束したもの、商品、硬貨などはきちんと返すこと、神はすべてを聞き、すべてを見ていると預言された。

　すべての人に二人の天使が個別について、善行悪行を全て記録するとされる。

　riba は Quran, 使徒の言行録である Hadith の両方に、禁止対象として記されている。上記の二聖典の日本語翻訳では、井筒俊彦のコーラン（岩波文庫 - アラビア語原典訳）、牧野信也のハディース（中公文庫 - フランス語からの和訳− Sahih al-Bukhari 版）などの翻訳書が著名で

あるが、ここでは英訳でみる。
　　Quran: 4　al-Nisa　Woman
　　　160　Due to wrongdoing on the part of the Jews, We forbade them good things that used to be lawful for them; and for deterring many from Allah's path.
　　　161　And for their taking usury, although they were forbidden it; and for their consuming people's wealth dishonestly. We have prepared for the faithless among them a painful torment.

　本節は、ユダヤ教徒は（旧約聖書で、同胞でなければ金利を取りうるとされた）riba 禁止を侵していることと、不正直に人々の資産を浪費していることを非難し、神の恩寵が受けられず、天罰が用意されているとの預言である。ここでは usury（高利）をとると英語訳されているが、他書の英語訳ではアラビア語の発音により riba と英訳されている。井筒俊彦岩波文庫のコーランでは、禁を犯して利息をとり～とアラビア語から和訳されている。
　usury は、ラテン語の usus、usurpare に語源があると思われるが、英語版の原義は、利用、奪取などと解される。因みに interest の語源は interesse, interea, intereo など、時間経過による損失を表すラテン語から来ているとされる。
（この verse では、唯一の創造神とされる神は、We という語を使って自称しているが、複数神の言葉でなく偉大な神という意味で、原典のアラビア語も同様に複数形であるため、英文でも複数形が使われる）

　　Quran: 2 Al-Baqarah　The Calf, The Cow, The Heifer　雌牛
　　　275　Those who swallow usury will not rise, except as someone driven mad by Satan's touch. That is because they say, "Commerce is like usury." But Allah has permitted commerce and has forbidden usury. Whoever,

on receiving advice from his Lord, refrains, may keep his past earnings, and his case rests with Allah. But whoever resumes these are the dwellers of the Fire, wherein they will abide forever.

276 Allah condemns usury, and He blesses charities. Allah does not love any sinful ingrate.

277 Those who believe, and do good deeds, and pray regularly, and give charity-they will have their reward with their Lord; they will have no fear, nor shall they grieve.

278 O you who believe! Fear Allah, and forgo what remains of usury, if you are believers.

279 If you do not, then take notice of a war by Allah and His Messenger. But if you repent, you may keep your capital, neither wronging, nor being wronged.

280 But if he is in hardship, then deferment until a time of ease. But to remit it as charity is better for you, if you only knew.

281 And guard yourselves against a Day when you will be returned to Allah; then each soul will be rewarded fully for what it has earned, and they will not be wronged.

—本節の預言は、riba（usury）をとる者は、審判の日に起ち上がることもできないこと、生前のうちに貸し手は、借り手の滞納利子を帳消しとすべきこと、困窮しているものからの支払いは待つべきこと、すべての支払いを免除してやり、喜捨とすることが望ましいとし、信徒には、審判の日の神を畏れることを求めている。

Hadith は前述の通り、使徒の言、行、許しなどをまとめた記録である。これらは Sunnah として Quran に次ぐイスラム法源となっている。

Sunnah Qawliyyah　使徒の言葉、表明、説明、判断など
Sunnah Fi'liyah　　使徒の行動
Sunnah Taqririyah　使徒が立ち合い、異議を唱えず、受け入れ、裏打ちした事柄

　商取引などにおいて、ribaは禁止される。
　Hadithで、取引対象商品のうち、個別に名前があがるのはイスラム教発祥当時の主要商品、金、銀、小麦、大麦、棗、塩であり、これらの即時・同質・同量でない交換は禁止される。
　使徒の言葉は、聞き取った信者により微妙に表現が違う。
　牧野信也の中公文庫版フランス語からの訳書ハディースは、売買の書で74節から95節に商品売買の態様について、商品ごとに詳しく預言者の考えが示されており、参照されたい。
　以下では、英文で六種の商品に限って主要な節のみを記す。
Hadith narrated by Abdulla ibn Abbas　Sales and Trade
The Messenger of Allah said: "Gold for gold, silver for silver, wheat for wheat, barley for barley, dates for dates, salt for salt, like for like, equal for equal, and hand to hand. If the commodities differ, then sell as you wish if payment is made hand to hand. But if the payment is deferred, then you may sell as you wish provided that the exchange is hand to hand.
Hadith narrated by Abu Sai'd al-Khurdri Hadith of Equal Exchange
～hand to handに続く言葉は以下となる
, and if anyone gives more or takes more, then he has dealt in riba. The taker and the giver are equally involved in riba.
　7世紀のアラビア半島での、当時の通商の有様を反映した言葉と考えられるが、本件Hadithの意味するところは分かりにくい。当時は決済手段としての通貨が、その質量において同質・同数量で権威ある発行体によって発行されていなかったこと、結果としてその流通が不十分だっ

たと思われる。列挙されている6種の商品 - 金・銀・穀物・棗椰子の実と塩は、それ自体も取引対象であり又取引の交換手段ともされていたと思われる。現在の法定通貨と違い、これら自身で各々同質性を確保するのは難しい。このフレーズは取引の誠実さ、透明性、公正さを強調し、相互信頼と衡平さの重要性を教示したものと思われる。

　上記六種の商品が日時を変えて、交換されれば増分がribaとなりうること、同一物の同時交換であっても、品質・量が違えばribaとなりうる。商品取引もQuranで禁止されるribaに、なりうることを、使徒が語ったものと思われる。異種の商品の交換については衡平を旨とすることで、Quran, Hadithの禁止には当たらないと考えられる。類似商品交換についても、ribaとなりうるとする見解も、法学者にある。

　Hadithで、使徒によって示された商品交換でのribaとされるものは、riba al-fadle 或いは riba al-Hadith とよばれ、riba al-Quran と同じ重みを持つ。

Riba禁止とその適用

　Ribaは上記にように厳しく禁じられている。しかしイスラムの法源に、禁止の逸脱者に対する現世での厳しい規定はない。あくまで来世での神の評価を示しているに過ぎない。不貞行為と石打の刑といった規制とは違う。このためオットマン帝国などでは、スルタンが金利の上限を規定している。イスラム法学者もfatwaで認めている。一方で、イスラム法は判例法ではなく、時々の担当判事が自らの知見により審理を決定する。Ribaによる取引無効とされる判例もあったといわれる。

学派別の6種商品取引規制の適用
　Hanifa学派
　数量・重量について同一商品に、6種以外も規制対象
　Shafi　学派
　食用となるもの、決済手段となりうるものは規制対象

Maalik 学派
食用、保存可能品に適用
Hanbal 学派
意見は分かれるが、Hanifa, Shafi とつながる

通貨価値の維持・商品価値の計測と量目の正確さ

使徒の時代の通貨制度の限界―通貨価値が十分信頼されなかったこともあり、イスラム教の原理として、金利の禁止と通貨価値を人為的に操作してはならないという考えが導かれる。

通貨・商品価値の計測・計量の正確性確保、このため価値操作の禁止、不正の排除、衡平性の確立が聖典で説かれる。

価値計測方法確立と不正操作の禁止
Quran　55　Ar-Rahman　The Most Merciful, The Most Gracious　慈悲あまねく御方
- 6　And the stars and the trees prostrate themselves.
- 7　And the sky, He raised; and He set up the balance.
- 8　So do not transgress in the balance.
- 9　But maintain the weights with justice, and do not violate the balance.

神は蒼穹を持ち上げ、秤を作った。
正義をもって重量を保持し、衡平を維持し、均衡を犯してはならない。

Quran　6　Al-Ana'm　The Cattle
- 152　And do not come near the property of the orphan, except with the best intentions, until he reaches maturity. And give full weight and full measure, equitably.

孤児が受け継いだ遺産には近づくべきでなく、孤児が成人となれば、その遺産の重量、計測に不足なく、衡平に与えよ。

これらの節は、上記の表現で wazn の重要性と順守を命じている。（wazn: weight, measure, balance, equilibrium などを表す）

計量の不正、恣意的な資産価値の不正を禁じており、同趣旨は Quran の他の節に繰り返し現れる。通貨や通貨機能も持つ商品の質量の不正は、厳しい禁止項目となっている。これらの資産価値の不正操作を禁止している。

物価の高騰

Hadith　Sayyid Abul A'la Maududi の Tafsir Ibn Kathir 紹介

When the people become involved in interest the Sovereign Lord will cause the price increase to be perpetual

－人々や当局が神の教えに背いて、金利操作・通貨供給の操作で通貨価値を左右し、通貨価値を下げるのは、Quran の教えに反する不正行為となり、価値計測基準を操作することで、市民、事業者に不正を働いているとされる。このような行為は、神の怒りを招き、インフレーションは永続的になるとされる。

Sayyid Abul A'la Maududi －インド・ハイデラバード出身、米国 20 世紀のイスラム学者、著書「Economic Justice and Shariah in the Islamic State」などで、Tafsir Ibn Kathir が紹介する Hadith にコメントしている。(Hadith は、使徒ムハンマドの言行、Kathir はシリア出身、14 世紀のイスラム法学者)

イスラム界での商品価格操作の罪と罰

Hadith Narrated by M'aqal bin Yassar

Whoever interferes with the prices of Muslim goods to raise them deserves that Allah should make him sit in the Fire on the Day of Resurrection."

by Yusuf al-Qaradawi, The lawful and the prohibited in Islam, Hindustan Publications, India, 1986 at p. 258.

－商品価格操作を行い、物価を上げる者は神の怒りを招き、復活の日に、業火の上に座らされる

　現在のイスラム金融の世界では、流動性供給を目的とした短期資金取引について、先進国市場と同じく定型短期の政府発行証券によっており、murabaha 形式の取引として、一律の利潤配分が、マークアップとして設定されている。

　非イスラム圏、先進国市場での政府発行の長期債券市場は、基本的に市場に価格決定が委ねられてきた。長期債利回りが、一部の国で例外的、一時的に中央銀行の目標値に誘導がされたことはある。ほとんどの場合、市場の自由なフロートに任されてきた。2013年以降の日本は、量的緩和により長期債利回りを誘導してきた。伝統的金融市場における例外であった。

金利を経済システムの中心とするシステムへの批判

　イスラム金融は、あらかじめ定めた増分の融資者への配分契約に基づき投資者・融資者への定量・定額の配分（事業リスクを取らない）を、その低利、高利を問わずに禁止している。投融資の際の割引、手数料などの徴収、或いは期中・期限到来後の元本に割増しされた返済と共に禁止される。

　一方投融資者が事業リスクを取り、事業者の利潤から既定の利潤の配分比率に基づく利潤配分を認めている。この際、事業が失敗に終わるか、又は利益が出ない場合には、投融資者は投融資した元本の損失があれば負担し、増分の配分はない。

　このような基準による経済は、Interest based Economy（金利を中心とする経済）ではなく、Rate of Return based Economy（利潤配分方式の経済）である。7世紀の使徒の時代に例を取れば、隊商に商品を託し遠隔地において販売し、又遠隔地で商品を仕入れ持ち帰り販売した儲けを分配する事業が行われた。隊商が受ける様々なリスクを出融資

者と事業の実行者が分担することであった。現代の伝統金融の Limited Recourse Finance －プロジェクトファイナンスなどに類似している。借入人の融資金の返済責任は、投融資契約に基づきリスクを分担する結果、限定的である。

　このような利潤配分方式の経済では、中央銀行など当局が公定金利を経済の基準金利とすることに無理があると、イスラム法学者は考えている。金利＝増分は神の禁止項目のため、利潤を基にする経済では、指標となる利潤は、個々の取引により大きく異なる。このため当局が一律に配分利潤を定めるのは、神の教えに反するとされる。市場の金利を、当局が操作し、一定率を強制するのは、様々な取引がある中で、取引によっては衡平を損ない、経済発展を阻害するとされる。

　伝統的金融の金利も、当局の基準金利に基づくが、個々には事業リスク、事業者の資産、信用により異なる。取引個々による違いは、大量かつ反復する取引において一律とならざるを得ない。金利というより、利潤の一定配分に近い性質を持つ。

　伝統的金融の世界の前述プロジェクト・ファイナンスは、イスラム金融に近い性格を有する。事業の成功・失敗の利潤・損失の配分は、一定比率であらかじめ定められている。（Profit Loss Sharing 原則）

イスラム法上の信用取引の許容
　Shariah では、金利は許容されない。信用取引は、その形態によって許可されている。以下に例示する。信用付き売買では、売買価格差が売買時点と決済時点で生じている。あくまで売買の実体取引に金融が紐付いている。

Bai' al-Salam
　先払いの売買契約、取引対象品は後日受け渡される。
　商品が不存在の売買は禁止されているが、例外的に許可される。
　対象商品の質と量などの商品詳細が指定され、受渡日が確定していることが要件とされる。商品代金は契約時に先払いされる。対象の商品は、

代替可能商品で金、銀など貨幣価値を持つ商品は、対象として禁止されている。契約は受渡商品の品質などから契約破棄が可能である。主に農産物の生産金融として利用されている。金融機関は生産物の一定の割合を、収穫時に受け取りうる。

Baiʻ al-murabahah

売買の際、商品価格に上乗せ価格（mark-up）を明示して取引する形態。元来は現金取引で、売買当事者のみで、仕入れ価格を明示してする取引を指した。

イスラム銀行によって credit murabaha と financial murabaha とに発展し、売買取引が拡大した。

credit Murabaha

銀行が予め販売用商品を用意しておいて、買い手にマークアップ付きで販売し、買い手は期限に上乗せ付き価格を支払う。

financial Murabaha

市場で売買取引が行われる際、買い手はイスラム銀行から商品代金にマークアップを付けた融資を受け、商品代を売手に支払う。融資期日には、買手はマークアップ＋商品代金を、銀行に返済する。

本章のまとめと日本経済

イスラム金融における重要な規制項目に riba 禁止、資金・資産の退蔵禁止、貨幣価値の維持があることを述べた。日本の経済運営・金融政策を、これら禁止項目、貨幣価値維持という重要原則から見てみたい。（Money を表す用語として通貨ではなく以下は貨幣とする）

資産の退蔵禁止と資産の有効活用

　資産を退蔵して、zakah（宗教税）も納めず、隠匿し役立てなかった罪は重いと神の言葉を使徒が預かった。

Quran Al-Tawbah The Repentance 改悛
34　O you who believe! Many of the rabbis and priests consume people's wealth illicitly, and hinder from Allah's path. Those who hoard gold and silver, and do not spend them in Allah's path. Those who hoard gold and silver, and do not spend them in Alla's cause, inform them of painful punishment.

35　On the Day when they will be heated in the Fire of Hell, then their foreheads, and their sides, and their backs will be branded with them: "This what you hoarded for yourselves; so taste what you used to hoard"

　日本企業は、生産性向上の投資を日本国内では十分行えず、又家計は少子高齢化の中で、日本の財政の将来不安から消費を控えてきた。資金は預貯金となり、退蔵ではないものの、預貯金が十分役立てられているとは言えない。

　政府は国民の資産を、本 verse のユダヤ教のラビとキリスト教の僧侶のように、むさぼったとは思えない。しかし財政支出は、十分有効に使われたのであろうか？

　上記の Quran の教えでは、資金の有効活用をしない hoarding（退蔵）の禁止もまた重い。日本では家計、銀行、企業共に十分な資産を退蔵とはいえないまでも、有効活用すべき時代－1980年代には、バブル投機が起こった。キンドルバーガーなどの唱える「国際収支の発展段階説」

に言われる未熟な債権国家から成熟債権国家に発展する段階で、国富の運用について戦略検討が不十分であり、バブルを招いた。現在シンガポール、香港などが一人当たり国民所得で、日本よりはるかに高いのは都市国家であるという特殊性もある。同国・地域では、政府主導の優れた国富運用戦略が、日本・シンガポールの経済発展の違いをもたらした要因の一つとみる。

シンガポールでは、政府が建国早期から戦略を立てた。資産運用の担い手としては、内外から選り抜きのエキスパートが、国内トップ級の十分な報酬を得て運用の責任を担い、国富の増大とGNIの極大化に、役立てることが出来た。政府自体が資産運用を主導したといえる。

香港はその特殊な地位から、戦乱を逃れた庶民、商人が資産を守り育てる鋭敏な感覚を持ち、自由な市場で富を築いてきた。

日本の経験

日本企業は戦後廃墟の中から、モノづくりを得意として復活してきた。日本は資本を輸入し、輸出立国に成功し、対外債務を返済し輸出黒字を蓄え、資本輸出国となり、純債権国家に成長した。

日本は、1980年代に更に一段と飛躍するチャンスを、バブルの生成と崩壊で逃した。内外での資本の有効活用、資産運用は、国策としての十分な議論がされないまま、国内不動産・株式に資金が集中しバブルの発生と崩壊を迎え、方向を見失った。資産運用に長い歴史を持つ英国や、創造的な企業環境を有するアメリカと日本の資産形成の歴史は異なる。

今日本では、政府が家計に貯蓄から投資を勧めるための環境を作ろうとしている。シンガポール政府は、国家として資産運用戦略を立て、政府系投資機関を作り成功している。日本政府は、金融教育に着手し、家計には家計自らの責任で、資産運用、リスクアセットへの投資を勧めている。ヨーロッパ各国のように、長い歴史の中で資産を守ること、次世代に受け継ぐための資産の保全を主目標として育まれた資産運用なのか、米国のように成長する経済の中で、資産を運用拡大することを主目標とした資産運用なのか判然としない。

これまで日本の家計資産に占める貯蓄が単に大きすぎるという理由での、証券市場育成のための資産運用戦略なのであろうか。
　極めて保守的に資産を運用してきた日本の家計に対し、貨幣価値の下落政策が招いたインフレーションから家計資産を守るための政策だろうか。
　政府が激変の続く世界経済環境で、適切な資産運用戦略を家計に提示することは難しい。投資のための適切なエコシステム構築が、先ずは求められる。資産運用の長い歴史と確立したエコシステムを持つ英国・米国に、十分学んで制度設計がなされる必要がある。
　環境激変で、投資経験の浅い多くの家計が投資に失敗した場合は、第二の投資バブル崩壊を経験することとなる。また人口減と高齢化で経済発展が停滞している日本で、対外収支の黒字による対外債権の積み上げがピークを過ぎ、むしろ対外債権を取り崩そうとしている段階とすれば、国として発展段階に応じた戦略の調整が必要となる。個人の対外投資の推奨は、個人資産を守り増やすために適切に行われるべきと考えられる。国民の投資行動次第だが、capital flight の道を政府が開いたともみられる。

貨幣価値の人為的操作禁止
　資産・資金の退蔵禁止は、単に禁止されるだけではない。家計・企業は、マクロの経済システムの中で、貨幣が生まれ経済発展サイクルを回す当事者の一員とならなければいけない。貨幣が流通する仕組みが、十分機能するものだったか、神の言葉から問われている。

貨幣価値の下落とその影響
　日本では 2013 年以降 2024 年に至るまで、量的緩和により当局がマネタリーベースの増加操作をしている。国債・ETF の買い入れである。かつての本位通貨でいえば、金銀兌換券の改鋳に匹敵する。併せて当局による低金利操作もあり、外国為替市場での円の為替相場は大きく下落した。国民一人当たりのドル換算所得は、アジア域内で香港、シンガポー

ルに及ばない。

　2023年末現在、購買力平価でみた見たGNPの他国比較では、日本は、中国、アメリカに次ぎ世界3位である。しかし円安により、ドルで見た日本のGNPは、減額評価される。実勢為替相場でドル換算された日本のGNPは、すでにドイツに抜かれ4位とされる。

　国民一人当たりGNIは、世銀統計2022年版では、世界31位に転落している。アジア地域でも8位のシンガポール、20位の香港に大きく劣後し、35位の韓国にも肉薄されている。

　日本政府の財政ポジションの継続的な悪化があり、国債格付けはS&P、Moody'sともにシングルA格＋ではあるが、G7中では、6番目となっている。日本では雇用は不足気味にかかわらず、輸入物価上昇によるインフレーションの波及で、円ベースの実質賃金は低下し、外国通貨換算でみるとさらに低賃金となっている。所得の高い技能・頭脳労働者の受け入れが、困難になっている。

　円の為替相場下落は、金融政策のみに帰することはできない。人口減少・少子高齢化・企業の国際競争力・財政政策・経済成長政策などからの国際収支に現れている変化の影響が大きい。

資金循環から見る信用創造力低下と貨幣流通速度

　名古屋大学金井雄一名誉教授の「信用システムの貨幣史」では、通貨の内生的貨幣供給論と、外生的貨幣供給論を比較検討している。中央銀行が通貨を供給できるとする外生的貨幣供給論では、政府の信用によって、政府が債券発行し、中央銀行は債券購入により貨幣を供給しうる。内生的貨幣供給論では、貨幣は経済活動の内部で発生し又経済活動に従い消滅する。

　政府から日銀を通し供給された貨幣は、それによって経済活動が循環しなければ、一時的には流通しても消えてゆくか、速度の極めて遅い貨幣の供給にしかならない。現在の日本の状況である。

　国家財政の不均衡からの国民の不安と保守的な消費行動、少子高齢化などで需要が構造的に伸びない経済状況、又生産性向上のための投資需

要も振るわない。家計はタンス預金や、銀行預金に金融資産を集中しているが、銀行は融資を通した信用創造機能を、十分には発揮できない。同大学齊藤誠教授は著書「財政規律とマクロ経済」で日本の近年の状況を分析している。このような状況で、財政を原点とし日本銀行の貨幣供給による信用創造は、民間金融機関のさらなる信用創造に大きく発展していない。

マネタリーベースは日銀により増加してきた。質的緩和政策に加え、短期金利のマイナス圏への沈没と共に、2016年より長期金利のイールドカーブコントロール（YCC）により長短金利差が縮小し、銀行のリスクテイク能力は落ち、商業銀行の信用創造による資金循環が停滞した。新たな技術、生産性改善を担う企業・資金需要者に、資金を回す投資家は限定されている。銀行預金は、企業に回らず、Money Velocity は低下した。貨幣はモノ・サービスと交換されず、経済の成長はほとんど見られなかった。多大な政府債務と、国債を大量に抱えた日銀のバランスシートが残っている。

長期金利は、市場に最適レベルを求めさせているのが各国の通例である。しかし日本では過去の政策によってたまった歪みから、市場に委ねるリスクは大きい。低金利の国債の安定的な買い手に事欠き、日銀の国債購入による長期金利の抑圧継続が余儀なくされている。英国国債で起きたような金利の暴騰、価格の暴落を避けるため、手放しでは市場に任せられない状況が継続している。

Irving Fisher は、その著書 The Purchasing Power of Money (p26) で、$MV = \Sigma pQ$ 或いは $MV = PT$ という等式を提唱した。貨幣経済の基礎的な公式となっている。しかし日本経済の過去十年余の経験は、貨幣の流通速度 V が、money 供給量 M の増大の一方で、低下を示した。価格 P の上昇と購入総額 T は増加してこなかった。M と P の因果関係は複雑で、逆相関もありうるし、P の上昇が M の増加を招くこともありうる。又 M の政策による変化の効果の時間的な幅も変化する。New Keynesian の考え方では需給の総体と政府・中央銀行の対応を重視している。

貨幣供給の源である銀行の信用創造

　銀行融資と信用創造のポイントは、低利の短期資金を利率の高い長期融資で運用することによる利鞘の獲得にある。長期運用資金のリターンを強制的に抑え込まれたことは、銀行の信用創造機能を低下させ、経済発展を損なうものとなった。

　市中銀行には、企業の要望に応え信用リスクをとっても、利鞘をバッファーとして、信用リスク量と Expected Loss（期待損失）を十分カバーすることが出来ない状況となった。結果として、極端に銀行の融資態度は、慎重にならざるをえなかった。長期運用のリターン縮小で、企業の投資意欲をそぐ結果となる戦略を、取らざるを得なかったといえる。

家計の消費・投資行動

　1990年初のバブル崩壊後、家計金融資産をみるとリスクの相対的に高い株式投資の割合は、顕著に増加することもなかった。少子高齢化の進む社会で、家計の消費意欲も落ちていた。

　投資と消費の不振の中、預金として銀行にとどまった資金は、日銀を通して、国債購入による赤字財政を支えることで終わった。これらの結果、日本でのマネーの流通速度は低下した。

　結果論であるが、預金とそのリターンのもたらす経済へ与えるプラスの機能—預金者である家計への資金益の還元、銀行・証券会社を通じた資金の最適配分と企業の新陳代謝は実現できていない。日本の生産性向上を図れなかった。守るべき貨幣の価値は毀損しつつあり、G7メンバー先進国とは、言い難くなりつつある。

　企業の借入金利払いは減少した。一方で、配当金支払は大きく増加し、株式を保有する家計を潤した。株式投資資産を持たない家計との貧富の差が拡大する一因となった。

日本の対外資金ポジション

　日銀の国債購入は、限界に近づいている。このため政府は徐々にではあるが、非居住者への国債販売を通じ、外国資金を受け入れており、国

債購入者のうち非居住者の割合が、増加しつつある。本来適切な国債クーポンが設定されていれば、家計が購入当事者となり、非居住者に振り回されることはない。

　日本国全体では、現在も純債権大国である。企業の外国直接投資残高は増加を続けている。政府の外貨準備は米国債が中心であり、対米関係への配慮から、米国債は機動的な為替操作の対象とはならない。

日本の経済計算
　家計の預金主体の金融資産は大きく、日銀を通じ政府債務に充当されている分を、差し引いても余裕がある。しかし、今後高齢化の進展で取り崩されてゆく。

　政府の進める預貯金から投資への誘導は、純債権国となってからすでに一世代の時間が経過し、遅きに失している。又危険性もはらむ。家計金融資産の海外流出が拡大してゆくなかで、主たる流出先には注目したい。これまでは世界を単独でもリードしてきた米国が目的地である。

　現在の米国財政の赤字拡大と急速な利払いの増加、株式市場の過熱も懸念されている。米国に端を発する株式市場へのショックや国内外での天変地異その他のブラック・スワン事象も懸念される。

　ショックに耐え得る日本の金融市場づくりと、万一の事態を支える日本政府の財政健全性が必要となる。政府財政の均衡に向けた対応を急ぐ必要がある。

　現在日本が直面しているインフレーションは、前述の Hadith によれば、貨幣の価値を損なった金利を、人為的に左右したもので、神罰として永続的なものとなると預言されている。

中央銀行の使命
　金融市場の安定維持とともに、金融市場を通じた物価の安定－通貨価値の維持、雇用の維持・増大は、多くの中央銀行に課された使命となって各国で法定されている。

　変動制相場下の不兌換通貨の貨幣価値維持には、中央銀行の金利政策・

預金準備率、政府機関の預金保険料率、監督当局の融資規制（産業別の融資規制、財政当局による不動産融資規制など）、政府による外貨・金の売買などがあった。

　円の金利を下げ、貨幣の供給量を増やす（質的・量的金融緩和）ことによって、需要増を実現し、経済成長とデフレからの脱却を目指すためのインフレターゲット政策が2013年から10年間徹底された。この政策はイスラム金融の原理からすれば、貨幣の価値を人為的に落とす神の教えに反する政策となる。この政策でマネーサプライの増加が、需要サイドの増加に結びつき、経済が発展していれば、デフレの恐怖からの脱却のための緊急避難策として、あながち不当な政策であったとはいえない。しかし日銀が関与するマネタリーベースは増加したが、マネーサプライは、信用創造が不十分で増加していない。

円為替相場の行方

　円相場の適正なレベルを目指しての政府による為替操作は難しい。日本円が対米ドルのみならず、途上国通貨も含めてほとんどの通貨に対して円安の現状は異常といえる。金利操作で一定程度の通貨価値の回復は見込まれるが、円安の根本原因への対処として結実するには時間を要する。現在の円の為替実勢相場と国内の購買力平価にはギャップがある。対外的な購買力は落ちているが、国内での購買力はまだ高い。円の実勢相場の下落ほどは、国内物価は上がっていない。このギャップの解消は、長期的には国内物価の上昇か、円の対外購買力の増大、すなわち円高のいずれかで、是正されてゆくと考えられる。

　日本の経済成長力をみると、円高での対外購買力の是正には限界があるとみられる。日米の金利政策の違いにより、金利差が縮小して、円高となるとしても限界がありそうである。外国からのインフレ輸入は、政府の補助金などで、十分国内物価に反映されていない。金利差縮小に伴う一定の円高で、国内物価の上昇はスローダウンが期待される。しかし日本経済の成長力を考えると、内外の成長率格差がある。円の国内外の購買力＝円の価値は、コロナ前までは戻らずに引き続き低迷するとみら

れる。

　スパイラルなデフレから免れえたことは評価するとして、金融政策の結果、日銀は大量の国債とETFを抱えている。首都直下型地震や、近隣諸国で地政学的な有事が起きれば、破滅的なインフレに襲われる心配を、国民は有している。現在の物価高に悩む国民も多く、家計の需要増、企業の投資増からの、内需の増大にはつながっていない。

　現在の為替市場の状況を見ると、日銀の金融政策の慎重な転換から、円金利の利上げは緩やかにしか進まないと予想される。

　為替相場の変動は、長期金利（基軸通貨ドルの長期国債金利と日本の長期国債金利との差）、インフレ率、対外成長率格差、国際収支などが、主な決定要因とされる。為替が円高に転換するには、日本の生産性が向上する環境で、実質賃金の継続的な上昇による内需、外需の増加の下、内外金利差の実質的な縮小が見込まれなければならない。

　これまでの日本の長いデフレは、人口構成の変化 - 少子高齢化による需要の減退と政府財政への不信と政策への懸念からの家計の消費節約と貯蓄行動によるところが大きい。又企業の国内での投資の拡大は、高齢化と人口減から国内での消費の拡大を見込めず、経営の観点からはなかなか正当化しがたいとみられる。サプライ・チェーンからは、現地生産・現地販売での海外投資の合理性が高い。

　金融政策が、為替相場を直接の対象とするのは誤りと思える。雇用を維持し、投資・消費など需要拡大と供給力の向上と均衡が、主たる目的となる。

日本企業の実力

　現下の日本の企業業績からは、企業の国際競争力が向上しているとは言い難い。外貨収入、外貨資産の円安による評価換算増が、円でみた企業業績をあたかも改善しているように見せている。ドルベースで、日本企業の売上、収益を見ると、産業界全体として伸びているわけではない。

　一方で円ベースでの収益の上昇は幻影かもしれないが、日本企業は、漸くアニマル・スピリッツを取り戻しつつあり、企業による投資は拡大

が予想される。しかし対外投資にその多くが振り向けられそうである。
　家計、企業の貯蓄が、取引銀行経由日銀を通して、政府債務を支えて、これまで日本はぬるま湯に浸ってきた。この幸福な日本の構図は、様々な脆弱性を秘めている。
　金利のある世界への回帰に伴う、家計の投資行動の変化や、地震、枢要な地域での戦争など予期せぬ事態で、この資金循環には変化が起きうる。通貨安と、国債の格下げの悪循環を引き起こし、本邦金融機関のドル資金調達に、支障が起きる事態ともなりうる。

参考文献

Islamic Economics and Finance A Glossary: Muhammad Akram Khan Routledge International Studies in Money and Banking

Economic Dimension and Tawhid: Irfan Ahmad Khan Economic Doctrines of the Quran: P. Ibrahim: A System Framework

Islamic Economic System Versus Capitalism: Fareed F Khoja An Overview based on the Quran

Economic Challenge and Quranic Teachings: Hifzur Rab Manipulation of currency is an integral part of the system of interest Shariah Perspective

An Investigation into the Relation Between Riba'l Quran and Riba'l Hadith: Abudul Azim Islahi

Quran: Itani, Talal. 英訳版

200 Golden Hadith: Mujahid Abdul Malik 英訳版

コーラン上・中・下：井筒俊彦　岩波新書　牧野信也　ハデイース　中公文庫

History of Interest Rate: Sydney Homer, Richard Sylla: Fourth edition by WILEY

Chapter 1. Prehistory and Primitive Credit and Interest

Chapter 2. Mesopotamia: Sumer, Babylonia, and Assyria

Chapter 6. Usury Doctrines and Their Effect on European Credit Forms and Interest

The Price of Time　The Real Story of Interest: Edward Chancellor

God and Money Florence and the Medici in the Renaissance: Leo S. Olschki

錬金術の終わり：マーヴィン・キング 日本経済新聞出版社

The Positive Theory of Money: Eugen von Böhm-Bawerk

Capital and Interest: Eugen von Böhm-Bawerk

The Purchasing Power of Money: Irving Fisher

中央銀行はお金を創造できるか－信用システムの貨幣史：金井雄一　名古屋大学出版会

財政規律とマクロ経済：　斎藤誠　名古屋大学出版会

Economic Justice and Shariah in the Islamic State:　Sayyid Abul A'la Maududi.

第二章

投資とイスラム金融

No one can serve two masters.
Either you will hate the one and love the other, Or you will be devoted to the one and despise the other.
You cannot serve both God and money"
New Testament　Luke 16-13

　新約聖書ルカの福音書－人は神と Mammon の両者に仕えることはできない。

If your fathers, your sons, your brothers, your spouses, your relatives, the wealth you have acquired, the commerce in which you fear a decline, and the dwellings with which you are pleased are more beloved to you than Allah and His Messenger and strive in His cause, then wait until Allah executes His command. And Allah does not guide the defiantly disobedient people.
Quran 9　At-Tawbah　The Repentance　改悛 24 節

　この世で得た富が、神と使徒、そして神の為の闘いより大事ならば、従わぬ人間に、神が裁断を下す迄待つがよい。神は反抗的で従わぬ人を導かない。

イスラム世界と投資

　イスラムには、al-mal（富或いは資産）は、すべて神に帰属するという前提がある。日本では、個人や法人が土地を取得すれば、土地収用法の対象とならない限り、永久に所有できるとされる。世界的には例外と言えよう。他国では、期限付きの地上権或いは借地権は取得できるが、土地の法的な所有者は国家、王族、寺院などに限定される。
　イスラム社会では、個々人は神の khalifah（steward, 管理人）と

して、富或いは資産の管理を現世で委託されている。自らのため、家族のため、社会のために富は退蔵せず、有意義に活用する義務と責任が課せられている。有意義に活用して、有余を zakat（宗教税）や sadakah（任意の寄付）として社会に還元する義務がある。

遺産の相続、イスラム法の許容する通商、雇用、その他の事業などにより富は得られる。富の追求は奨励されるが、riba（金利）、gharar（不確実性）、maisir（賭博）などを避けねばならない。衡平、誠実な公正取引により、富が得られることが必須となる。

イスラム社会での投資は、イスラム式金融商品を利用し或いは自己資金にて行われる。又イスラムでの金融資産取得とその有効活用例として、政府系投資ファンドの投資、プライベートバンクなどを利用した富裕層による Wealth Management も活発である。

シャリア法に適合したイスラム式投資は、2023年現在4.3兆ドルとされる。(HalalFocus.net) 20億人に達しようとするモスリム人口増加と経済成長もあり、イスラム社会の富と投資の増加が期待される。

日常生活に直ちに利用されない余剰 money と資産は、イスラム金融機関に預けられ、或いは事業などへの投資資金或いは設備として運用される。イスラム金融機関への預け金からは、利子を受け取ることは禁じられている。モスリムには金利を忌避する富裕層が多い。このため損益を分担する形でのイスラム投資性金融商品への資金投入により、イスラム銀行の行った投資金融の利潤から、契約に基づきその一部を配当として受け取ることとなる。スイスのプライベートバンカーは資金運用益の一部を、ギフトとしてスイス時計などの現物で還元することもあると言われる。信託性の預金の形をとり、利子ではなく、運用益の配分を受けることも多い。

イスラム金融は、伝統的な金融と違い、実需と直接結びついた投融資金融といえる。trade、investment、lease などを通して、生産活動などの経済活動を支える実物との紐付きファイナンスとなっている。これらのイスラム金融機関の仲介行動により、生産財への投資が増加し、農業・商業・製造業やサービス業などの発展をもたらし、イスラム共同体

の福利・厚生につながる。イスラム金融機関の使命は、経済を通じた社会の発展にある。

　イスラム経済で、イスラム金融機関の金融行動は、売買や組合形式での出資などとも結びつく。伝統経済での商社金融や投資銀行による資本取引に類似した金融活動となる。イスラム金融は、伝統金融の商業銀行としての金利を介した取引や、金融商品間、通貨間の鞘取り取引などマネーがマネーを生む金融取引とは根本的に異なる。

　イスラム投資は、その方法と目的がシャリア法に適合することが必須である。投資の結果として、イスラム共同体の経済発展と社会福祉向上に資することが求められる。

投資と西欧経済

　古典派経済学の祖とも言われ、17世紀に活躍したJon Lockeと二人の近世・近代の経済学者の投資についての考えをレビューしたい。

John Locke（1632-1704）

－ジョン・ロックは経験論・認識論で知られ、ヴォルテールやルソーに影響を与え、米国の独立宣言にその思想が影響を与えたといわれる。リベラリズムの父とも称される。

　1691年の英国議会議員宛ての書簡にまとめられた「Some Considerations of the Consequences of the Lowering of Interest and the Raising the Value of Money」において、金利の法的制限について論じた。金利の法的制限は、Natural Price of Thingsに重大な影響を与える誤りとしており、市場の持つ自然の力でNatural Rate of Interest（自然利子率）を求めるべきとしている。

　Natural Rate of Interestの上昇要因として2例を挙げている。
1. 国内居住者の相互間の債務に比して、国内の貨幣量が少ないケース。通商のための資金流出でさらに貨幣量が減少すると金利が上昇する。
2. 通商高比貨幣量が少ないケース。通商の必要量に満たない貨幣量の

場合、金利は上昇する。

　人為的に低金利を強制すれば、自由な市場の力で需要と供給の均衡点を探ることが出来なくなる。結果として真の資金コストを、融資取引に反映することが出来なくなると指摘する。人為的な低金利が強制されると、借手には一見有利だが、金利に信用リスクが適切に反映されなくなる。融資のリターンは低下し、結果として貸手は、信用リスクを取ることが出来なくなる。貸手は、信用創造による新たなマネーフローを提供できなくなり、資金の流れは停滞すると指摘している。信用拡大－融資の拡大に歯止めがかかる。

　投資や通商に回るべき資金が融資されなくなり、経済が停滞に陥るとしている。

　この 17 世紀の John Locke の英国における指摘は、21 世紀の日本－ 2013 年以降の日本の商業銀行の行動－銀行預金は増加しても、預けられた資金は、融資を通じ乗数的に拡大することはなく、money velocity が低下した一因を説明する。英国では金利の法的制限、近年の日本では政策的な低金利誘導の両者であるが、その両者に共通する経済的な効果といえる。

　企業の生産性投資など、果断なリスクテイクによる投資行動の低下、貨幣価値の低下を招いた一因とみられる。

　John Rocke は、本書簡で低金利の様々な経済に与える影響について指摘している。Quran の神からの、孤児の継承した遺産を守れとする預言に通じる。高いリターンで安全に資金が運用されれば孤児のみならず、寡婦にも有益であると John Locke は指摘している。資金保有者に適切なリターンが与えられれば、弱者の資金も有効に活用されて、福祉社会の実現に効果があるとの指摘である。

　John Locke は、金利の高低は Value of Money を決めるとしている。Things（Commodity, Merchandise）の Scarcity、売手と買い手の数で、Things の Price は決まるとする。Value of Money（貨幣価値）は人為的・法規制で決まるべきでなく Natural Rate of Interest に落

ち着くことが経済的に最適であるとしている。金利は先ず通商に影響を与え、結果として Value of Money が商品に対して変わるとする。John Locke は以下のように書簡で述べている。

'Discourage men from lending at falling interest' 'Current of Money cannot turn the wheel of trade' 'Scarcity of Money which hinders the merchant's buying and exportation and artisan's manufacturing'

通商の実行には Money が必要となる。人為的・法的規制金利の低下により、貸手は信用リスクに見合った金利を受け取れなくなる。貸手は資金を提供しなくなり貸出の減少を招く。結果として、通商従事者に必要な資金の提供が減少する。通商で富を得られなくなることは、英王国の損失となる。低金利により Money の流通速度が低下し、通商の車輪が回らなくなるとする。規制金利は通商の阻害要因と断じる。

John Locke は、Money と通商額との間で、あるべき貨幣量の決定は、難しいと書簡で述べている。

'The necessity of proportion Money to Trade, what proportion is hard to determine. Because it doesn't on the quantity of Money, but the quickness of the circulation' Money の数量の多寡ではなく、流通速度が、決め手だからとしている。

本邦では、多額の貨幣数量が、市場に投入されたが、貨幣流通をみると本書簡のように、貸手の融資態度が政策的な低金利できわめて消極的なものとなったこともあり、貨幣は回転せず流通速度は低下した。

市場の力を大いに利用するべく、市場或いは適切な金融政策によることが John Locke により求められている。John Locke の書簡は 1691 年に議会に送付されており、その三年後の 1694 年に Bank of England が設立されている。同行の設立目的は国家の戦争遂行資金の調達と国家債務管理・経済安定であった。John Locke の本書簡が、その設立に影響したとは見られないが、その思想（通貨価値の安定・市場による自然金利の思想）の、金融政策への影響はあったものと推測される。

John Locke の論説からは、重商主義の思想が強く感じられる。国家の富は、金・銀など自然鉱物としており、その増大には自国の鉱山の開発、自国内に鉱山がなければ植民地を拡大し、その鉱山を確保すること、さらには通商を通じた富－貴金属の蓄積が国家として必要とする。重商主義は、国家間のゼロサムゲームの思想であり、帝国主義思想をもたらした。東インド会社が、1600年に Joint Stock Company として設立されている時代背景の中での John Locke の思想であった。金本位或いは金銀複本位制の世界観でもあり、現代に必ずしも当てはまらない点が多いことに留意したい。

Eugen von Böhm-Bawerk（1851-1914）
－著書 Capital & Interest 1881 での所説は以下のようになる。
　Productive Power of Capital, Use of Capital について論じている。
　Capital の生産性については、Physical Productivity and Value Productivity があるとしている。

Productive Power of Capital
－ Physical Productivity of Capital
　有形資産の単位時間内数量の生産能力としてとらえる。
　市場での生産物の価値を考慮していない。
－ Value Productivity of Capital
　生産性を生産物総量の市場価値でとらえる。

Use of Capital
　時間との関連で、生産過程に目を向けて、資本の役割を分析する。
－ Roundaboutness
　生産過程により多くの資本を、またより多い時間を要して生産性が上がるとする。より高度な技術と生産器具を利用する。
－時間選好と金利

消費者の心理として、現在の商品取得が将来の商品取得に比べ価値ありとする。資本家（貯蓄者）は現在の消費を先延ばし、将来に報われることを期待して、投資を行う。

　その補償が金利となるとする。資本の集中投下には時間を要するが、それにはリターンを得るインセンティブがある。資本の生産性向上の必要が、リターンとして金利を生むとする。金利は、時間と投資原資へのリターンとなる。

　高い physical & value productivity を求めて資本の集中投資が、投下資本に対する利払いを正当化する。将来時点より、現在での時間選好が資本と金利支払いの必要性を強める。

　生産への資本投下により Value 生産が実現するには、時間を必要とする。金利には現在需要と将来需要の均衡を保つ役割がある。

John Maynard Keynes（1883-1946）
　ケインズは、投資が需要の総計に重要な割合を占め、将来の収益性の見込みにより投資額は変動するとしている。また政府政策、投資家の確信、経済条件に左右されるとする。投資が経済活動、雇用と計収入に影響を及ぼすとする。

　主な論点は以下の通り

1. Marginal Efficiency of Capital

　投資の決断は、資本投資リターンの見込みが、running interest の見込みを上回るときになされる。

2. Profitability Expectation

　将来の収益性見込みは、金利レベル予測より投資判断を左右する。

3. 投資家の animal spirits

　投資家の将来への期待と確信は、様々な計数要因を上回り、投資の決定に重要な役割を果たす。 animal spirits は心理的な要素で、計数化はできない。

4. 投資の乗数効果

　投資の効果として、さらに投資が投資を呼ぶことが期待され需要が増

大する。
5．投資の不確実性
　投資の期待収益性は不確実性を有し、経済情勢や投資家の心理状態で過剰投資や、投資不足を生む。
6．政府により、税制、財政支出入の調整策で、投資増減が需要を行い、経済の安定化が図られる。

　ケインズは、政府財政政策による Fiscal Stabilizers の役割を重視した。金融政策は景気の後退期に、財政の補完的な役割が期待されるとした。しかし深刻な景気後退期には、資金需要は落ち込み、金利は著しく低下する。経済は liquidity trap に落ち込み、金融政策は有効ではないとした。(John Locke の英国 17 世紀の経験から、金利の人為的な低減は、すべての悪を生むという所説が影響しているのであろうか？)

イスラム諸国の通商と Sovereign Wealth Fund

　Hadith に残された使徒の言葉からは、貿易など通商活動が富の源泉の 9 割を占めるとされ、奨励されている。

　イスラム諸国と西欧社会との通商の中では、1581 年に Turkey Company の名称で設立された英国の chartered company（特許会社）である Levant Company（1582 年改称）が名高い。1825 年まで活動している。独占的な貿易権を与えられ、英国からは羊毛製品の輸出、レバント地域からは絹、スパイス、綿花などの輸入を担い、トルコ・オットマン帝国領域での活動を主にした。地域的には、現在のシリア、レバノン、イスラエル、パレスチナ、エジプトなどとの通商に従事した。貿易のための物理的、制度的な枠組み作りと外交使節機能も有した。英国の植民地政策の先駆けとなる会社であった。同社は、英国とレバント両地域の富の蓄積に貢献したと言えよう。

　現在の中東諸国は、エネルギー資源を世界各国に輸出している。産油、LNG 輸出国は、国家として膨大な富を蓄積している。このため、国家の収入は大きく、国民には充実した社会保障システムが整備され、年金制度の整っている国が多い。国家の収入は Sovereign Wealth Fund

として運用されている。

　個人所得税のないGCC諸国として、バーレーン、クウェート、オマーン、カタール、UAE、サウジアラビアなどがあげられる。

　Value Added Taxは、カタール、クウェートは準備中であり、上記の他国は5～15%を徴収している。

　通常の法人の法人税は無税から20%程度、エネルギー生産など炭化水素生産法人の税率は、サウジアラビアのように85%とされる国もある。莫大な税収をもとに、中東産油国は将来を見据えてsovereign wealth fundによる富の増大を求めて、新たな産業への投資を活発に行っている。

Sovereign Wealth Fund（globalswf.com）除く年金基金
　世界順位　2024年6月　（単位10億ドル）（2021年残高）
1. NBIM（Norges Bank Investment Management: Norway）
　　1634　（1291）　＋26.5%（2021年比の増加率）
2. CIC（中国投資有限責任公司：China）
　　1595　（1208）　＋32.0%
3. ADIA（Abu Dhabi Investment Authority: UAE Abu Dhabi）
　　968　（686）　＋41.1%
4. PIF（Public Investment Fund: Saudi Arabia）
　　925　（430）　＋115.1%
5. KIA（Kuwait Investment Authority: Kuwait）
　　846　（588）　＋43.8%
6. GIC（GIC: Singapore）
　　769　（550）　＋39.8%

　何れのファンドもドルベース運用が大きく、またエネルギー価格高騰もあり、追加投資もあったとみられる。2021年の残高対比で、SWFの運用残高増がみられる。

ADIA（Abu Dhabi Investment Authority）
　ポートフォリオ運営（同社HP）

先進国株式	32 － 42 %	
途上国株式	7 － 15 %	
中小企業株	1 － 5 %	
政府債	7 － 15 %	
Credit	2 － 7 %	
Alternative	5 － 10 %	
不動産	5 － 10 %	
PE	10 － 15 %	(Private Equity)
インフラ	2 － 7 %	
現金	0 － 10 %	

－多様性に富んだ運用がなされている

GIC Singapore (Government of Singapore Investment Corporation)

ポートフォリオ運営(同社 HP)

1981 年設立　従業員 2100 人、東京を含め 11 拠点

Dr Goh Keng Swee (呉慶瑞：財務大臣、第二副首相)

GIC Deputy Chairman (1981-1994) の発想により、国家の外国為替準備金の投資運用を目的に設立された。

(MAS, Temasek と並ぶ政府系投資機関　Temasek は 1974 年設立 4000 億ドルのポートフォリオを持つが、主にアジア企業に対する投資を行い、外準運用の GIC と異なる運用方針を持つ)

投資資産配分方針

先進国株式投資	20	－	30%
発展途上国株式投資	15	－	20%
Private Equity	13	－	17%
不動産投資	9	－	13%
インフラ債券	4	－	6%
債券＋現金	24	－	28%

高度な専門知識を有する専門家が高給で雇用され、資産運用を行っていることで知られている。

Public Pension Fund

Swfglobal.com

日本のGPIF（世界最大規模）GPIF: HP

運用残高は円ベースで拡大、ドルベースで縮小している。

2021年　運用残高：　　　1.724兆ドル

2023年　3期運用残高：　1.589兆ドル（224兆7025億円）

2021年比でマイナス7.9%（年末$/141.40）

2024年運用残高は、ドル換算では1.595兆ドル

現在のドル円相場160円前後で換算するとさらに減額となる。

円安が物価上昇をさらに招くとすると、運用残高のドルベースでの減少は、運用委託先年金基金の需給者には厳しい結果となる。

GPIF資産配分方針

国内債券	25	%	±	7	%
外国債券	25	%	±	6	%
国内株式	25	%	±	8	%
外国株式	25	%	±	11	%

日本の外準

財務省HP　2024年5月末

12315億ドル　　　証券　　9276億ドル

　　　　　　　　　預金　　1590億ドル

　　　　　　　　　IMF　　106億ドル

　　　　　　　　　SDR　　569億ドル

　　　　　　　　　金　　　639億ドル

　　　　　　　　　他　　　135億ドル

日本全体の対外債権・負債ポジション2023年末

　　　　　対外資産　　1488兆円

　　　　　負債　　　　1017兆円

　　　　　純資産　　　471兆円

　　　　　2024年末JGB残高に占める非居住者保有分　165兆円

日本の戦後復興の過程では、世銀等の借入でインフラを整備し、対外貿易で富を蓄積し、対外債務国から対外純債権国家となった。

　国際収支の発展段階説では、未成熟債務国から成熟債務国、債務返済国、未成熟債権国、成熟債権国、債権取崩国への発展段階が想定されている。この過程で経常収支の赤字国から、黒字国そして最終段階では、対外債権取崩国に遷移するとする。(Geoffrey Crowther: Charles P. Kindleberger)

　現在日本は、貿易・サービス収支の黒字国から、赤字国に移りつつある一方で、所得収支の黒字により対外純資産は増加している。近年の対外純資産は円安に起因して、円換算での対外純資産増加が著しいが、これは喜べない。成熟債権国から債権取崩国への移行が見えてきている。

　かつて英国、米国は、国内製造業の不振や海外への生産拠点移転に伴い、国際収支が悪化した。製造業の本国従業員の失職、財政赤字など様々な問題が噴出し、スタグフレーションに直面したこともあった。英国は、かつての植民地経営の長い歴史で、膨大な海外資産を積み上げていた。

　資産運用の歴史と豊富な経験を有する。資産運用会社が、個人をサポートしている。また米国は、人口増加と国内経済成長を持続した。現在では、デジタル・サービスで世界をリードし、膨大なサービス貿易収入を得つつあり、国力は復活・増大している。英国ともども企業・国民が、所有した富を wealth management で増加させている。米国では、日本の GNP 一年分にも相当する膨大な富を築いた個人がいる。寄付の文化が根付いており、個人設立の著名な財団法人が社会貢献に活躍している。両国には世界的に著名で、歴史の長い資産運用会社と資産運用の ecosystem が整っている。

　日本の企業は、米国の製造業と同様に海外進出した。大手企業の現地生産・現地販売は、同企業の国内生産を上回ろうとしている。バブル崩壊後 30 年をへて、経営者・勤務者の世代交代の中で、国内の産業構造は変化した。

　この間、適切な政策がとられ、国内経済を支える新たな産業を育成できているか疑問である。金利を下げ、為替を円安に導く政策には、根本

的な過ちがある。企業の投資政策の決定要因は、投資の収益性とコストの比較であり、低金利であれば投資がなされるとは言えない。John Locke が 17 世紀に提唱したように、低金利と円安により、インフレを始めあらゆる evil が出現してきている。日本は、人口の減少する発展途上国に戻りつつある。

　国富をどう活用するか、シンガポール、中東諸国が国家としては先行している。英国・米国や欧州には、歴史の中で形成した資産運用のエコシステムが充実している。残念ながら日本は、資産運用に国として全力で取組む時期が大きく遅れた。卓越した資産運用会社、独立したファイナンシャル・アドバイザー等、エコシステムの整備には、バブル崩壊前後からの取り組みが必要だったといえる。橋本政権の金融ビッグ・バンは、遅れたとは言え重要な始まりだった。その後の諸施策、税務上のサポートもなく失速した。現在円安下で、家計の海外投資が、活発になっている。しかし時宜を得ていない。日本の NISA による家計の資産形成政策は、遅きに失した。

　シンガポールは、国家自身が、GIC と Temasek の 2 公営資産運用・投資会社を専門家に委ねて、半世紀にわたる経験を積んできている。日本の GPIF に対応する同国の CPF（Central Provident Fund）は、retirement benefit, housing（持ち家の促進）、health care の三本柱で、国民の退職後の保証に万全を期している。

植民地時代迄のイスラム社会の歴史と投資

　イスラム共同体の価値を守りながら、ケインズの述べるアニマル・スピリットを持った果断な投資を支えるのは、損益を事業者とともに分担するイスラムの投資金融機関の役割といえる。ルネッサンス期までの、小アジアのイスラム社会は、西ヨーロッパに比べて進んだ科学文明と精神文化を誇っていた。西欧の科学・文化の発展には、イスラム世界が貢献している。中国、ギリシャ文明などの数学、科学などを、イスラム世界は再発見し、西欧社会に伝達してきた。イスラム社会は、イスラム教徒以外の信仰を持つ人々をも、寛容に受け入れていた。主要都市では様々

な文化も入り交じり、華やかな歴史をたどった。

　スペインのコルドバ・グラナダなどのイスラム社会と文化は、その一例となる。Abd al-Rahman（AD822-852）治世下のグラナダ市内には、ユダヤ人が5千人居住し、グラナダはCity of Jewsと呼ばれた。コルドバを首都とした後ウマイヤ朝（756-1031）、特にAbd al-Rahman 3世の929年カリフ就任により、アンダルシア地方のコルドバとグラナダは、文化の中心として、詩文の華が咲いたと伝わる。基金によるカレッジが存在し、のちのOxford, Cambridgeのモデルとなったといわれる。

　後ウマイヤ朝滅亡（1031年）を経て、グラナダの地には、著名なアルハンブラ Alhambra 宮殿の建設が始まる（1238年）。建設者は、小王国 Nasrid 朝、初代の Muhammad I ibn al-Ahmar 1世とされる。この前後、スペインのイスラム社会は、多数の小王国分裂時代が続いた。

　キリスト教徒フェルナンド5世とイザベラの共同統治時代、両王は、イスラム社会の多数の小王国への分裂に乗じて、レコンキスタを成し遂げた。コルドバとグラナダは陥落し、ユダヤ人居住者は、すべて国外追

アルハンブラ宮殿の全景　原健司氏撮影

第二章　投資とイスラム金融　63

放となる（1478-1480 年）

　イスラム社会は、大航海期・産業革命期を経て、ヨーロッパ文明に屈し、植民地化の歴史をたどった。15世紀の大航海時代のアフリカへのポルトガル進出、17世紀のオットマン帝国の勢力の陰り、19世紀半ばのインド・パキスタン地域植民地化、19世紀半ばから20世紀初頭の地中海に面したイスラム諸国の植民地化、第一次世界大戦を経てオットマン帝国の滅亡によるイラク、パレスチナ、トランスヨルダン地域の植民地化があった。イスラム地域の民族と文化の分断された、苦難の歴史であった。

　20世紀に入り、独立運動とイスラム文化への回帰がみられた。精神文化を取り戻すには、長い時間がかかった。

　この歴史の経過と原因については、諸説がある。西洋社会と同様に、通商で莫大な富が得られていても、すべてが集中・集積せずに分散していた。産業革命期の西欧のような十分な投資が、イスラム社会では行われなかった。経済停滞の一因とも言われる。

イスラムでの投資の源泉

　イスラム世界では、前述のように聖典の使徒の言葉によれば、通商が富の9割を生み出すとされ、通商を通じて活発に利益を求めることが推奨されている。又貯蓄の重要性が様々な形で説かれ、消費の有余を、将来の必要な投資用に貯蓄せよと聖典で義務付けられている。農業・商工業などの生産・商業活動の結果の蓄積された余裕資金・資産は、退蔵することなく投融資として活用することが求められている。イスラム社会の科学文明・精神文化と共に、経済面でも生産・通商・消費・貯蓄と投資のサイクルからは、歴史的には西欧に一歩先んじ進んでいた。

　ルネッサンス・産業革命期以降西欧に、後塵を拝する結果となったのはなぜか？　本章では、イスラム経済の発展の歴史と低迷期の原因の議論には、深く立ち入らないこととする。上述の問題意識を持ちつつ、イスラム金融と投資の形態、その精神性をもたらしている聖典の教えとイスラム法学者の考えを紹介したい。

イスラム投資と Time Value of the Money

イスラム社会では、投資の Time Value of the Money は肯定的にとらえられている（資本の投下によって時間の経過とともに、利益が生まれている。利益からの配分・配当を生むのであり、時間経過によって金利により Moneys が Money を生むこととは異なる）。投資によって、生産、サービスが可能となり経済成長と社会の福祉の向上が評価される。

企業は、事業用の生産設備の固定投資で生産性の向上を図り、在庫投資で生産を準備する。家計は、株式投資や組合への出資、或いは生産用の設備投資を行う。

日本とイスラム社会の親和性 – 教育と勤勉さと貯蓄の勧め

イスラム社会と、日本社会とは歴史的に、その親和性が高い。共同体を大事にし、倫理性の高い教えを守り、行き届いた教育が共にあった。日本とイスラム社会の教育の歴史には、共通点が多い。

日本の武士子弟の教育レベルは高く、多くの庶民も寺子屋では、女性教師から、論語、読み書きとそろばんを学び、初等教育が全国に行き渡っていた。イスラムでも、クッターブでの初等教育、マドラサでの高等教育などは、聖典を中心にして、リタラシーと宗教教育が行われていた。勤勉さと倹約が、日本では論語など、イスラム社会では聖典で強く勧められていた。

日本の武士道は、イスラムの騎士道精神と似た面がある。イスラム世界のヒーローとして名高いサラディンと、戦いの場でまみえたのは十字軍である。十字軍はサラディンの所作・進退に学び、西洋に騎士道精神をもたらしたと言われている。

植民地時代からの独立・復興期のイスラム社会は、欧米列強と対峙した日本に親近感を持っていた。

イスラム式金融に類似した戦後日本の信用供与制度
－実需に紐付いた金融制度と担い手

日本は、イスラム国家が欧米の植民地時代に、イスラム社会に先駆け

て発展したが、欧米の重商主義を模倣し、植民地と資源を奪取するゼロサムゲームで、戦いにより国富を増やす軍事膨張政策は失敗し、敗戦を迎えた。戦後復興の過程を振り返ると、商業金融機関は事業リスクを、事業者とともに実質的に取っていた歴史がある。戦後の混乱期のファイナンスには、企業再建のための出資を伴い、短期運転資金融資は、返済期日には、ほとんど自動的に借り換えられる資本に近い性質があった。企業への短期運転資金は、勤勉と倹約に努めた国民の貯蓄が、金融機関を通じ低利で企業に提供されていた。戦後立ち上がった企業と国民には膨大な需要があった。この需要を支える大胆な金融機関の行動が、急速な戦後復興の一因であった。事業融資には失敗があったが、経済成長で損失を吸収していた。経済の安定とともに、銀行は、借主の信用リスクを負担しても、事業リスクを実質的に負担することはなくなっていった。イランから欧米の軍事包囲網をくぐり抜け、原油輸入を図った企業と資金を融資した東京銀行（当時）の貿易・融資行動は、借入人の信用で賄い切れない事業の損益を分担する今日のイスラム金融に類する行動だったと思える。

　商社は、貿易・国内商取引に関与し、その物流を支える金融に企業間信用で関与した。しかし1980年代よりは企業への株式投資を行い、さらには経営にも深く関与していった。

　企業間信用は、信用供与として日本の特有の形で、金融機関の融資を補うものである。貸借対照表を見るとaccount payableとaccount receivableの回転期間は、数か月或いは半年以上と長いことが、日本企業には稀ではなかった。支払いにあたって手形の振出も通例であり、手形自体かつては台風手形と呼ばれる期日210日という長期ものも、多く見られた。

　アメリカではaccount payableとaccount receivableの回転期間は30-45日、ヨーロッパで45-60日程度とみられる。中国・アジアでは、元来稀であった支払期日の長期化が見られる。実需に紐付き、金利に基づかない取引形態であり、イスラム金融と類似している。

　日本経済高度発展の原動力は、敗戦から復興する過程での活発な実需

と紐付いた適切な投資金融にあったといえる。この投資の目標設定と管理は、ビジョンを持った政治家がリードした。起業家と共に、復興に果たした政府指導者と官僚の働きが大きい。

イスラム社会における投資

イスラム金融サービス法と投資勘定の定義
The Islamic Financial Services Act 2013
"Investment account" means an account under which money is paid and accepted for the investment, including for the provision of finance, under Shari'ah".

「投資勘定とは、資金が投資のために授受された投資口座であり、シャリア法に基づく規定を備えている」イスラム金融サービス法（マレーシア）。

イスラム社会での富の蓄積の倫理 - イスラム社会での富を得る方法
－投資資金の貯蓄
Hadith Ibn Mas'ud (r) の伝承
"Allah blesses those who acquire wealth in a good manner, then the wealth is spent accordingly and the remaining is saved for future use when hardship"
良い方法で得た富を、神は祝福する。そして富を消費し、また将来の困難に備えて蓄えなさい。
－富の蓄積は奨励され、正しい方法で富を得ることが求められる。
Hadith
Prophet Muhammad S.A.W. said: "Take to trade and commerce because nine-tenths of the source of earnings is in trade and commerce."
貿易と商売で得られる収入が、収入を生む源泉であり、収入の９割

を占めている。通商をしなさいと使徒は言われた。
―使徒は、利益の源の大部分－9割を占める通商を奨励された。キャラバンが、収益をもたらしていた中東の社会を反映した言葉と思える。

Maulana Fazul-ul-Karim, Imam Gazzali's Ihya Ulum-id-din (Book 2), Sind Sagar Academy, Lahore, at p. 54

Quran 12: 47-49　　Yusuf　Joseph　　ヨセフ

He (Yusuf) said: You shall sow for seven years continuously, then what you reap leave it in its ear except for a little of which you eat. Then there shall come after that seven years of hardship which shall eat away that you have beforehand laid up in store, except a little of what you shall have preserved. Then there will come after that a year in which people shall have rain and in which they shall press (grapes)".

ヨセフは言った。7年間種をまき、食べる実とは別に穂先を残す。その後、収穫の厳しい7年間が続くので、蓄えた実を食べる。少しのたくわえを残しておき、雨の降る年が来ると葡萄を収穫し、葡萄汁を絞れる。
―蓄えの重要性をヨセフが伝えている。

Quran 28　Al-Qasas History　　歴史

77　But seek, with what Allah has given you, the Home of the Hereafter, and do not neglect your share of this world. And be charitable, as Allah has been charitable to you. And do not seek corruption in the land. Allah does not like the seekers of corruption."

現世でのあなた方の取り分は、神が与えた禄であり限度を見極め、来世の住まいを探しなさい。神があなたに施したように、施しをしなさい。

現世での腐敗行為は避けなさい。神は腐敗行為をする者たちを嫌う。
－神は、富の蓄積には正しい方法を取るよう命じている。

富の浪費の禁止

Hadith Sunan Ahmad の伝承

"Take advantage of five before five: your youth, before old age; your health, before sickness; your wealth, before poverty; your free time before becoming busy; and your life, before your death".

五つの重要なことを生かしなさい。それらは年取る前の若さ、病気になる前の健康、貧しくなる前の富、多忙になる前の自由な時間、死の前の生活である。
－備えの重要性が説かれている

Quran 17　Al-Isra　The Night Journey　夜の旅

1　Glory to Him who journeyed His servant by night, from the Sacred Mosque, to the Farthest Mosque, whose precincts We have blessed, in order to show him of Our wonders. He is the Listener, the Beholder.

－神は使徒を伴い、夜メッカの神殿からエルサレムの神殿の丘（アルアクサーモスクが現存）に旅された。

7　"Verily, spendthrifts are brothers of the Shaitan (evil), and the Shaitan (evil) is ever ungrateful to his Lord."
－浪費家は悪魔の兄弟であり、悪魔は神に感謝していない

Quran　2　Surah Al-Baqarah　雌牛
Corruption

188　And do not consume one another's wealth unjustly or send it [in bribery] to the rulers in order that [they might aid] you [to] consume a portion of the wealth of the

エルサレム、コーラン夜の旅の目的地 岩のドームとアル・アクサ寺院とミナレット
著者撮影

people in sin, while you know [it is unlawful].

　互いの財産を不正に浪費してはいけない。また支配者にわいろを贈ってはならない。人々の富と知りながら、浪費するのは罪である。
　Hadith　Sahih al-Bokhari の伝承
　"In the day of Judgment, the generation of Adam will not be allowed to escape without being questioned on the following five basic responsibilities:

最後の審判の日にアダムの末裔たちは、次の質問に答えなければならない。
- How did one spend own lifetime;
  現世で如何に消費したか？
- How did one spend own young life;
  若い時に人生を無為に過ごしていないか？
- How were the sources of one's income;
  収入の源泉は何だったか？
- How did one spend own wealth;
  自らの富を如何に使ったか？
- How much did one practice knowledge, which one acquired;
  得た知識を如何に活かしたか？

富の分配の重視
－Umma（モスリム共同体－神の下で平等な社会）への構成員の貢献
　投資での収益は、個人の資産を形成する。共同体構成員にはZakat, Sadaqahで、社会に貢献することが奨励され又は義務付けられる。

Zakah（Zakat）
　自分の生活に必要とされない余裕資産への宗教税 年率2.5％は、穢れの浄化のために必要とされ、物質的な社会貢献であるが同時に、納税者の精神性を高めるとされる。困窮者の救済、宗教の波及促進、債務者救済、旅人への援助に利用される。
　対象資産は、金、銀、家畜、農産物、通商商品、通貨、株式、債券
－Oxford Dictionary of Islam

Sadaqah
　Quran al-Baqarah The Calf 雌牛
　271. If you give charity openly, that is good. But if you keep it secret, and give it to the needy in private, that is better for you.

It will atone for some of your misdeeds. Allah is cognizant of what you do.

　Sadaqahは、間違った行いの罪滅ぼしや、宗教的な義務を越えた寄贈・慈善行為・寄付などを意味する。巡礼の際の剃髪、髭剃りを指すこともある。－ Oxford Dictionary of Islam

　Quranでは、公開しての寄付も良いが、密かに寄付するのは、より良いとする。
―イスラム社会の言い伝えでは、一人に、二名の天使がついてその人の言行を記録する。一名は悪い言行、もう一名は良い言行の記録である。

　Hadith Y.Mansoor Marican,

　"The most excellent of men is the believer who strives hard in the way of Allah with his person and property." "He who brings forth what is needed will be provided for and he who monopolizes is cursed." Sayings of the Prophet　Four Bass Prints, Kuala Lumpur, 2003

－富を独占する者は神に呪われる。

　Quran　Al-Maidah　Table

2　…Help ye one another in righteousness and piety, but help ye not one another in sin and rancour…

―お互いに正しく、敬虔さをもって助け合いなさい、罪と怨恨を買うことを、共に行うことは、やめなさい。

投資金融商品
－シャリア法適格の投融資金融商品
Bai' al-Murabahah　ムラバハ
　商品セールスと後払い契約
Bai' al-Salam　サラーム
　先払い、商品の後日受渡契約
al-Ijarah　イジャーラ　イスラム式リース
　ファイナンスリースとオペレーティングリース

al-Istisna'　イスチスナ
　　工場の建設投融資契約
al-Mudharabah　ムダラバ
　　損益分担契約
　　（現代のプロジェクト・ファイナンス：h'mted Recoerns Finance に類似）
al-Musharakah　ムシャラカ
　　共同経営・組合契約
al-Hawalah　ハワラー
　　譲渡契約
al-Rahn　ラーン
　　質権契約
al-Qardh　カルド
　　慈善融資契約
al-Wakalah　ワカラー
　　代理契約

投資におけるリスクの概念とリスク管理
－伝統的な金融での理論研究と不確実性

　イスラム法における不確実性の容認と忌避については、gharar の概念の理解の中で取り上げている。ここでは伝統金融における投資理論と不確実性についてレビューしてみたい。

　They view risk management as "a field of activity seeking to eliminate, reduce and generally control pure risk... and to enhance benefits and avoid detriment from speculative risks" (Waring & Glendon, 1998: 3).

　Risk management refers to the process/techniques employed in reducing the risks faced in an investment. It generally involves three broad steps;
1. リスクの源泉とリスクタイプの特定

2. リスクの計測、その程度
3. リスク対応の方法特定と適切な実施
   (i) Identifying the source and type of risk.
   (ii) Measuring the degree or extent of the risk.
   (iii) Determining the appropriate response or methods to be used.

A logical and systematic method of identifying, analysing, evaluating, treating, monitoring, and communicating risks associated with any activity, function, or process in a way that will enable organizations to minimize losses and maximize opportunities (AS/NZS, 1999)

　投資はもとよりあらゆる経済活動には、商品価格・損益・契約履行・事務処理などの不確実性があり、リスクを伴い、損失負担・利益の減少を余儀なくされうる。上記の定義ではリスクマネジメントは、純粋なリスクを避け或いはなくし、害を取り除くのがリスク管理とされる。リスク管理の観点では、損失・利益の両方の変動が共にリスクと捉えられる。行動経済学では、投資初心者はその心理傾向から、損失の発生している資産の処分には遅れがちであり、利益の出ている投資は、換金を急ぎ、得られたはずの利益を失うことが多いとされる。投資家の心理分析で指摘されている。この観点からは、価格の上方遷移、下方遷移共に、上述のリスクの顕現と捉えられる。

Capital Asset Pricing Model（CAPM）と Efficiency Frontier

　株式投資における不確実性（uncertainty）の分析とリスクの低く、一方で投資効率性の高い efficient frontier を求めた研究が、1960年代に欧米で発展した。

　現代ポートフォリオ理論（CAPM）をリードした Markowitz の著書 Portfolio Selection が著名であり、一定水準のリスクに最大の期待収益率を持つ、投資資産配分（portfolio）を求めた。Cootner、Osborn（1964年）株式価格のランダムな性格を、ブラウン運動として分析している。Value at Risk 分析によるリスク量は、標本数を極大化して、

中心極限定理に基づき正規分布のベル曲線が描かれるとし、通常の投資機関はリスク量の信頼区間を2σで計算している。中心点の高い、傾斜の急で且つ裾が fat tail となる曲線も見られている。(現実の市場では極端な事象が、低頻度と想定される tail area で想定より高頻度で発生する)

Sharp と Lintner は 1964 年、1965 年に危険資産投資額の総額と無リスク資産投資の金利から両者の最適な組み合わせを、資本市場線で求めた。縦軸に期待収益率と無リスク資産のリターンを取り、横軸にリスク資産投資額のσをとり、資本市場線 (capital market line) との接点での最適値を求めている。

エドガー・ピーターズ (ラトガー大学 MBA) は、その著書「カオスと資本市場」(1995 年) において、自然界では、非線形のフラクタルな分布が繰返すとして、投資商品の価格変動のリスク分析をフラクタル理論に基づいて展開している。フラクタル系は、木の枝の形が木全体の形と相似形であるように、部分が全体と相似の関係を持っているとする。また投資家の行動は、上述のように Kahneman & Tversky の実証研究によれば非合理的であり、市場が合理的であるとする効率的市場仮説、共分散による確率計算に疑問を投げかけている。非線形動学システム論からは、市場に多数の解があると導いている。

市場は効率的か、非効率的かは、いずれも証拠不十分としている。またテクニカル分析、経済循環分析にも正しいとの証拠はないとしている。偶然と必然が共存するシステム系では、不均衡は必然的に起きうると推論されている。このような理論からは、市場にも不確実性は自然に埋め込まれており、避けて通れないとされる。

イスラム投資におけるリスク管理

Al-ghunm bil-ghurm (リスクを取ることによって利得が生じる)

事業への投融資金融の世界では、事業自体のリスクを負担しないで、利益のみ得る契約は禁止される。リスク負担のない利得は、金利 (riba)

第二章　投資とイスラム金融　75

とみなされ、イスラム金融の世界では許容されない。

　事業者の信用リスクだけを取っても、事業の失敗のリスクを負担しないのは許容されない。前述のフラクタル理論から、又伝統金融の市場論からも、事業には常に不確実性 - リスクが付きまとう。リスクを取ることが利益を得る前提との考え方に通じる。（しかし uncertainty の程度が、過度なものはシャリア法上、許容されない）

　社会的な責任、公共の福祉に配慮した投資が前提となる。

Islamic Principle　Risk Taking and Profit Loss Sharing
　Risk Retention
　Risk Adaptation
　Risk Avoidance
　Risk Measurement
　Risk Mitigation and Reduction
　Risk Transfer

　イスラム金融においても、投資にともなう市場商品の価格変動リスクや市場機能の停止などのリスクの管理は伝統金融と基本的には同じである。

　現代の金融機関のリスク管理手法としては、先ず体制整備がある。Enterprise-wide Risk Management の手法がとられる。

　体制としては、組織としての防衛ラインの設定がある。

First Line of Defense
　現場でのリスク管理体制の整備がある。

Second Line of Defense
　監査部などによる監査体制となる。

Last Line of Defense
　経営執行部によるリスク管理となる。

Risk 認識と Heat Map
　リスクは、信用リスク・市場リスク・事務リスク・規制リスク・評判リスク・人事・システムリスク・非常時対応リスクなど多岐にわたる。

近年はサイバー攻撃などのリスク対応も重視される。リスクごとの管理体制の検証と経営への影響度の大きさ・切迫度などから人・資金・資材投入の優先度を判定し、リスクのヒートマップを作成し、経営資源を投入することが必要となる。
Risk 計測手法
　リスク量の計測は重要であり、特に市場商品の価格変動によるリスクの計測が中心となる。
　価格の分散データから偏差を求める手法で、信頼区間をどこまでカバーするか、正規分布曲線を形成しない価格分散がある。
　市場の動きは、個々の投資家の行動が必ずしも合理的でなく、市場もまた合理的とはいえないことが定説になりつつある。
　しかし現実のリスク管理では、合理的な市場を前提とした管理が指標となっている。
リスク緩和手法
　伝統金融市場では CDS, Option, Insurance, Forward など様々な手法が探求されてきた。しかしイスラム金融では多くが、裏付けとなる実体取引と切り離されていること、取引当事者一方の利益に終わり、衡平性が確保されないことから、取扱いが否定されている取引となる。管轄国・法学者により意見が分かれる。

有価証券投資（株式・債券）における投資商品・資産の譲渡可能性
　各国規制
　　パキスタン　mudaraba company share, profit and loss certificate は negotiable
　　マレーシア　debt to debt の negotiablity に疑問在りとする mudaraba fund は大規模投資については譲渡可能シャリア適合な、murabaha, ijarah, salam, istisnah は譲渡可能
　　　　　　　普通株の譲渡は可能（haram 事業者でない前提）waqf, bai-al-mal(public treasury bond and wealth), limited liability company（shariah に準拠）譲渡可

preferred stocks　固定利回りが損失発生時も保証されている優先株は譲渡不可（riba 類似）

OIC Academy 65/1/7

The loss must fall on all classes or ranks of investors.

Forward Contract: Shafii

The contract is riba of delay and not negotiable.

Options: It should not be traded.

Commodity Fund:

Fund の運営にあたって short selling は許されていない。

対象商品は halal でなければならない。

Ijara:

Lease 資産への投資となる。形態的には、用益権が lessee に期間限定で与えられ利用料（期間中の利用料が予め明示される）が lessor に支払われる。Lessor が所有権を保有し続ける Operating lease と lease 期間満了時に lessee に所有権が移転する Finance lease がある。

有価証券投資におけるスクリーニング

　投資の対象資産・金融商品の選択と選択投資後の対応に、伝統金融市場との違いが生じる。投資にあたり、デューデリジェンス・デューモニタリングを前提とする。事業形態は、組合形式が最良とされる。

主要なスクリーニング手法

－ハラーム性排除（avoiding haram）－ riba（金利）と gharar（不確実性）など

－財務指標による排除（financial screening）

－投資の浄化（purification）

Haram 性排除（avoiding haram）　Line of Business Screening

Haram 商品投資・取扱い、消費、利用の禁止

When Allah (swt) prohibits a thing, He prohibits (giving and receiving) the price of it as well."
Reported by Ahmad and Abu Daud, as cited by Mohd. Ma'sum Billah,
－透明性とディスクロージャーの確保
－賭博の禁止・賭博施設への投資禁止（投機性の高い投資）
－武器関連投資の禁止
－タバコ・ポーク関連事業・ポルノ事業・酒類製造・販売業への投資禁止
－酒類を提供する施設・航空会社などへのリースファイナンスは許容されている。Lessor の問題でなく Lessee である航空会社等は収入の purification が必要となるとされる。（酒類販売利益の donation など）
－ Haram 食品事業投資の禁止
－金利を含む金融商品・事業（伝統金融・保険）への投資は禁止
－デリバティブ投資は、gharar（不確実性が高く）として許容されない

投資においては Equity を基礎とした投資で、損益分担、リスク当事者間の分担が望まれる。分散投資を旨としてリスクを回避するため、分散投資が前提となる。特定企業・プロジェクトなどの投資は、ファンド全体の 10％以下の投資金額に抑えるべき。（5% 以下が必須という意見もある）

固定配当の優先株への投資は riba の付いた投資として許可されないとする法学者の意見がある。

Index 投資としては、以下のような例がある。
Public Shariah Hedge Fund Index
FTSE Shariah Global Equity Index
Dow Jones Islamic Market Index（DJIMI）

Positive Line of Business Screening
Social Responsibility Investment, Decarbonization Investment,

Ethical Investment　などがあげられる。

投資における Financial Screening、1/3 ルール

1. 総資産 / 株式時価総額年間市場平均＜ 33％
2. 現金＋金利付き債権 / 株式時価総額年間市場平均＜ 33％
3. 売掛金 / 株式時価総額年間市場平均＜ 45％
売掛金には実質的に金利相当分が含まれていることから投資対象から外されているといわれる。
上記の他、流動性資産が 50％を越えてならないとする学派もある。
1/3 ルールの数値は、使徒の遺産分割の教えに由来するといわれる

Hadith Basis Sahih al-Bukhari (Book 55, Hadith 6)
　Sa'd ibn Abi Waqqas reported: "The Prophet (peace be upon him) visited me during my illness while I was in Makkah. I said to him, 'I have property; may I bequeath all of my property in charity?' He said, 'No.' I said, 'Then half of it?' He said, 'No.' I said, 'One-third of it?' He said, 'One-third and one-third is a lot…'

　使徒に、companion が病気の時、資産を全て慈善寄付して良いかと尋ねたとき、使徒はダメと言われた。半分ではどうかと聞いたところ、それもダメと言われた。それでは三分の一ではどうかと尋ねるとそれでも多額と言われた。

　Sahih Muslim (Book 13, Hadith 3984)
　Similar to the previous Hadith, it narrates that Sa'd ibn Abi Waqqas sought permission from the Prophet Muhammad (peace be upon him) to distribute more of his wealth, but the Prophet limited it to one-third.
　前述同様に使徒は、贈与は資産の三分の一までとされた。

Quran　4　an-Nisa　Women

11　Allah instructs you regarding your children: The male receives the equivalent of the share of two females. If they are daughters, more than two, they get two-thirds of what he leaves. If there is only one, she gets one-half. As for the parents, each gets one-sixth of what he leaves, if he had children. If he had no children, and his parents inherit from him, his mother gets one-third. If he has siblings, his mother gets one-sixth. After fulfilling any bequest and paying off debts. Your parents and your children do not know which are closer to you in welfare. This is Allah's Law. Allah is Knowing and Judicious.

神は使徒に、7世紀女性に男性の半分であるが相続権を認めた先進的な規定を預け、Quran に記された。現在は多くのイスラム国で、女性は遺産相続権を放棄させられていると言われる。Quran の相続規定は詳細にわたる。

イスラム投資と purification

Limited but impure income は、助けを必要とする人たちに贈与される。DWS Noor Islamic Fund においては、現金配当の5％が贈与に回されている。

株式投資の対象企業が、Halal 事業に従事していても、資金調達は金利に基づく伝統金融によってはならず、収入も金利収入であってはならない。本ルールはこのためのスクリーニングとなる。株主配当金の内、金利収入／総収入の割合部分は慈善寄付としなければならない。

haram 事業収益は、企業自身が慈善寄付をしなければならない。

イスラム投資ファンドとその成績

Amana Growth Fund 1986年創設　米国投資ファンド　Large

Cap.（資本金の大きな株式への投資）ファンド　伝統的な金融機関への投資は除外している。

Portfolio	配分先シェア	～2024/1	年間株価上昇率
Apple	7.32 %		13.33%
ASML	5.66 %	EU 露光装置製造	45.85%
Eli Lilly	5.48 %	肥満症治療薬製造	96.04%
Microsoft	5.25 %		31.84%
Novo Nordisk	5.19 %	肥満症治療薬製造	76.58%

2019/7～2024/1 Amana ファンド成長率 +200%

過去1年間成長率 Amana Growth ＋33.07%＞S&P 500 ＋26.29%

2008年の Amana ファンド　S&P500 騰落率

2008年 Amana Fund －31.73%　S＆P 500　－37 %

Amana Fund は伝統商業銀行株を含まないことから、下落率がS＆Pに比べ少なかったとみられるが、リーマンショックの影響は受けた。通常のイスラムファンドは、伝統商業銀行などをファンドに組み込んでいる場合が多い。外すと Efficient Frontier への投資が難しいとされる。Amana（sacred trust, duty of solidarity）の意味を持つ：Glossary of Islam: Edinburgh University Press

Commodity ファンド

　商品ファンドには以下の法学者意見がある。

1. ファンドの売り手は商品を保有しておかなければならない。（ショートセリングは許可されない）
2. 先物販売は Istisnah, Salam を除き許可されない。
3. halal 商品のみ取り扱い可。
4. 先物価格が低下している商品を、まだ保有していない売手は、価格リスクの低下を負うことで販売が可能である。
6. 商品価格は確定して、買手に知られていなければならない。

通商に関しての不正行為

Hadith M'aqal bin Yassar, as cited by Yusuf al-Qaradawi
Whoever interferes with the prices of Muslim goods in order to raise them deserves that Allah should make him sin in the Fire on the day of Resurrection

－投資するにあたっては投資対象の基礎的理解が必須であり、投資決定前に基礎的な分析が必要。すべての投資にはリスクを伴うので、リスクの適切な理解が意思決定の前提である。一方当事者のみリスクを理解しての価格決定は衡平さを欠き許されない。

イスラム投資商品、投資形態などへの批判と評価
1. イスラム投資商品は商品自体、投資対象として柔軟性に乏しいとされているが、商品の多様性に富んできている。
2. イスラム金融商品への投資リターンは総じて高い。
3. イスラム金融商品への投資は広く、モスリム以外にも開かれている。
4. 新たなイスラム金融商品の開発が行われている。
5. イスラム金融商品市場は急速に拡大している。

投資により、生計を若年者が独立して営むことが出来るようになることは、神の祝福があるとされる。

参考文献
Some Consideration of the Consequences of the Lowering of Interest and the Raising the Value of Money: John Locke

Capital and Interest, A Critical History of Economic Theory: Eugen von Böhm-Bawerk (1851-1914) Book II, The Productivity Theories, Book III The Use Theories

The General Theory of Employment, Interest, and Money: John Meynard Keynes Chapter 6. Definition of Income, Saving, and Investment, Chapter 7. The meaning of Saving and Investment Further Considered

Modern Investment under Shari'ah Discipline: Mohd Ma'Sum Billah, Professor at the Islamic Economics Institute, King Abdulaziz University,

Kingdom of Saudi Arabia.　Chaos and Order in the Capital Markets: Edgar E. Peters 新田功訳 1994

The Determinants of Trade Credit Terms in International Trade: David R. N. Smyth

Trade Credit, Risk Management, and Financial Performance: Evidence from China" by Zhonghua Wu and Shaoqing Hu

Global Business Reports: Euler Hermes'

Corporate Finance: Theory and Practice: Aswath Damodaran

Financial Management: Theory & Practice: Eugene F. Brigham, Michael C. Ehrhardt

Islamic Finance: Tasnim Nazeer2020 Chap. 6 p104 Islamic Investments

Islamic Law and Finance Religion, Risk, Return: Frank E. Vogel Samuel L. Hayes

Islamic Finance, Why it Makes Sense Understanding Its Principles and Practices: Daud Vicary　Cambridge

Islamic Finance: Mahmoud A. El-Gamal Cambridge U. Press 7 p117 ~

Introduction to Islamic Economics: Hussein Huskari, Zamir Iqbal, Abbas Mirakhor

What Islam Did for Us Understanding Islam's Contribution to Western Civilization:Tim Wallace-Murphy

Managing Risk of Islamic Equity Investments: Initiatives and Strategies: Kasim M.　Muhammad and Rasem N. Kayed

A History of Interest Rate: Sidney Homer and Richard Sylla

The Price of Time the Real Story of Interest: Edward Chancellor

第三章

イスラム金融の禁止項目 Gharar

Riba に匹敵する Gharar の禁止

　本章では、イスラム金融の禁止項目の（Haram）一つとなりうる gharar の概念と、該当しうる金融商品についてとりあげる。

　Malaysia Securities Commission は Second Edition of Resolution で gharar について、以下の定義（省訳）をしている。

　「gharar は haram であり、商業保険も gharar に分類される。

　アラビア語の gharar は khatar と同義で危険を含むことを表す。又不確実性の意味を持つことから、人を危険にさらすことであり、売買では不確実さを含むことを示す。gharar には欺罔行為を示す意味はなく、欺罔（cheating）は taghir であると分別する。また Hadith により使徒の発言の伝承として "Verily, the Prophet s.a.w. forbids gharar trading" と伝わる。」

　マレーシアでは、gharar に欺罔行為の意味は（欺罔行為は禁止対象には変わりはないが）含まれないとする。

　イスラム法学者には、gharar には欺罔行為も含まれるとする見解がある。禁止範囲の行為が、避けるべきとされる gharar の取り扱いであるが、gharar の定義と取扱いには諸説がある。

　伝統的な現代金融でも、常に対処すべき重要な課題となるリスク・不確実性が（uncertainty）含まれる金融商品は多い。リスクや不確実性は、詐欺・欺罔・賭博などの犯罪性の要素を含まなければ、不確実性自体はすべての金融や商品取引に多少とも付帯するので、不確実性が過度な投機は（speculation）忌避されるが、そうでなければ容認される。

　イスラム金融での不確実性が当てはまるものとされる取引には、一方の損失が他方の利得となる、ゼロサムゲームの典型であるギャンブルが含まれる。また伝統金融・イスラム金融共通の犯罪行為や詐欺、欺罔（misleading, cheating）、意図的または過失などによる不当表示（misrepresentation, ambiguity）の概念が、gharar の本質とするイスラム金融研究者の見地もある。

本章では先ず伝統金融における、不確実性或いはリスクの制御の考え方を見る。

現代の経済・金融論と不確実性

伝統金融には、様々な危機が歴史として累積している。自由な市場は経済発展の重要なインフラストラクチャーである。市場を通した人々の利益追求とリスクの様々な形での制御行動は、市場参加者の競争によって効率性・生産性の向上など経済発展をもたらしている。

しかし市場参加者の熱狂的、一方向への行動によってボラティリティの増大、リスクと不確実性の増大も生じた。個々には合理的であっても市場全体として最適となるとは限らない。過度な利益追求などに熱狂しバブルを形成する経済主体の行為や、逆に市場参加者が Keynes の言うアニマル・スピリットを失い停滞する経済は、人口構成など労働・社会構造、自然環境の変化、通貨制度、為替政策、財政政策、金融政策などと密接に関係している。

不確実性を制御することは、それ自体が極めて困難である。様々なデリバティブ・オプションなどの金融商品の登場により、個々の取引の安全性は付保されるようにみえる。これらのデリバティブ・トレードは、現実の商品取引から生まれる。しかし伝統的商業金融・投資金融の市場では、デリバティブ・トレードはデリバティブのポジション調整や投機のために、裏付けとなる商取引から乖離しても、許されている。結果として、伝統市場では Global GNP の何倍にもなるデリバティブの膨大な取引残高が、積み上がっている。このためデリバティブなど金融商品取引が、金融市場全体の変動と実物商品取引市場を不安定とすることもある。犬のしっぽが、本体を振り回す結果となる。市場全体としては不確実性・不安定性が増し、市場取引商品価格の変動幅が増す（volatility の上昇）。円滑な商品取引に影響を及ぼす結果となる。

近年の国際金融・資本市場での不確実性への対応

　様々な不確定要因による金融機関の抱える予想損失量（Expected Loss）は、市場リスク、信用リスクを主として、オペレーションリスクなどと合わせ、各金融機関が集計し、対応する手法が確立している。

　Bank for International Settlements（1930年設立）は、様々なリスク管理手法を各国間で合意し、国際決済に関与する銀行には規制を共通のものとしている。

　BISによる国際的な合意は、イスラム金融機関においても準拠されている。

　以下、規制対象の主なリスクとその対応を列挙する。

市場リスク：金融市場変動に伴う各金融機関の市場リスク量として想定される損失額は、保有金融資産のValue at Risk（VAR）算定手法などで数値化され集計されている。数値化はせいぜい数年単位の市場データの分析からの損失確率に基づく、損失見通しとなる。リスクの測定には、データの偏差からどこまでをカバーするかを決めてゆく。通常のリスク管理では、信頼区間2σまでを想定したmeasurement of repeatabilityの測定によるリスク対応が通例である。

　金融資産の市場価格の変動と、その結果として発生しうる損失に対して、どのように準備するかが、データ分析の目的となる。但し金融市場取引では、データの分布曲線は正規分布（Bell Curb）でなく、想定外事象の多いファットテイルとなりうることが判明している。歴史的な視点からするとブラックスワン現象といわれる、不確実な市場変動は想定外に多くおこり、将来の金融市場を取り巻く様々な変化は予想しきれない。又その対応には、精度を上げるほど膨大なコストを要し、経済的に成り立たない。市場変化とその不確実なリスク量の予測は、人知をこえる。

　市場変動の予測は、様々な手法を駆使して行うこととなる。経済主体

である個人による確率予測とそれに伴う行動は、行動経済学者 D. Kahneman & A. Tversky（1979）の研究が著名であり、両者は、以下の調査結果を発表し, 合理的市場仮説に、(Efficient Market Hypothesis) 新たな知見での修正を加えている。自由な市場では、情報は効率的に伝わるとしても、人々の行動は感情など心理的要因に左右されている。

1. 確実と思われる事に、重きを置きすぎる。
2. 利益より損失を過大評価する。
3. 損失より、リスクを好んだ行動をとる。

人間の行動は根源的に不確定であり、Keynes の言う animal spirits による資本主義の原動力である。結果的に自由な市場において、株価など、金融商品価格は、ランダムウォークを繰り返し、その予測は不確実性に満ちている。市場は必ずしも合理的でなく、hands of god も働かないことがある。

事象の生起する確率自体は、ベイズ定理と関係する主観確率からすると、与えられたデータ自体が、特定の事象の発生させる確率を変化させる Likelihood（尤度）と事前確率を組み合わせ、事後確率として算出されるが、異論もある。

市場取引における不確実性と想起される事象の予測は、人には困難なものと思える。科学的な公式によるものでない経験的、実務的な Rule of Thumb の働く世界と言える。

信用リスク：商業銀行の抱える最大のリスク量となる。金融機関の内部格付けにより、取引先各企業の倒産リスク確率は、個社毎に分類され Expected Loss（EL＝期待損失）が算定される。さらに倒産時の担保処分価値などを差し引いた Loss Given Default（LGD＝最終損失予測値）が、個社毎に計算され集計される。個別金融機関全体の LGD を吸収するのは、通常の融資・信用供与業務の利益であり、このためには適切な金利体系（調達資金コストと EL を上回る融資・資金運用が可能な

市場であること）と手数料体系が前提である。当期の利益で、損失 EL が吸収されることが前提となる。

　信用リスク、市場リスクについては、EL、VAR を上回る想定外のイベントによる Unexpected Loss（予測外損失）も想定され、対応する資本・資本準備金なども BIS の自己資本比率規制として積まれている。しかし当局や金融機関の想定を超えたイベント発生が、過去の危機では起きている。

　BIS によるリスク管理規制は、1974 年のドイツのヘルシュタット銀行の破綻で顕現した国際決済リスクへの対応（ヘルシュタット銀行にマルクを支払い、ドルの受領を予定していた銀行は、時差のためドル受領の前にヘルシュタット銀行が倒産して、ドルをニューヨークで受け取れなかった）、国際決済リスク対応がよく知られている。

　日本の銀行にとって重要だったのは、1987 年英米当局の提案の自己資本規制である。1992 年より Eligible Capital/Risk Weighted Assets は、8％以上とされて実現した。その後様々な変化と強化がなされてきている。（Risk Weighted Assets はグロスの資産量でなく、資産ごとに risk weight が異なる。自国国債の weight は最も低く、他金融機関への出資金などは重いように、保有資産の種類によって必要される資本量は異なる）

　2008 年、サブ・プライム住宅ローン問題により、大手金融機関リーマン・ブラザーズが倒産し、市場を揺るがした。市場からはドル資金の出し手が消えた。ドル資金は、国際決済・金融・資本取引などの基軸通貨である。ドル資金の市場調達が困難となり、国内外の前述取引が困難となった。アメリカ The Federal Reserve Board は、主要国中央銀行へのドル資金供給を決断し、実行した。この結果、世界恐慌が避けられた。

　リーマンショック後の規制強化として、グローバルにシステム上重要な銀行には、以下の比率規制が、2010 年以降導入された。

　　レバレッジ比率＝自己資本 / 保有資産
　　　　　　　（gross assets であり not risk weighted）

流動性カバレッジ比率＝高品質の流動資産／ネット資金流出額 - 30日間のストレス期間対応
安定調達比率＝利用可能な安定調達額／所要安定調達額

　上記の様々な規定により、金融システムの安定性が図られている。しかし金融システムが内包する不確実性は、十分制御されているとは言い難い。不確実性は飼いならすことはできず、金融による錬金術は経済に多大な損害を与えうる。
　Quran 2. The Heifer（al-Baqarah）メディナ啓示、牝牛では、不確実性を多分に含む取引の禁止が、読みとれる。

実需原則から乖離した現代金融

　イスラム金融においても、不確実性はその程度によって、必ずしも忌避されない。しかしアンカーとしての商品・サービスなどの実取引と紐付いた取引性が、イスラム金融の重要な柱である。個別に実需に基づかない取引は、忌避されている。イスラム金融は、実取引との bundled transaction（紐付き取引）とされる。一方、現代の伝統金融では、unbundled transaction（実需原則から乖離した取引）が許容されている。現代の伝統金融とイスラム金融の決定的な相違は、下敷きとなる実体取引との乖離の有無といえる。
　商品取引金融において、その利潤の源は、隔地間取引における商品価格差として生じる。又商品取引の資金の移転時期と引渡し時期との時間差に伴う商品価格差としても生じる。実体取引との紐付き性が確保され、取引から切り離された Money が、Money を生むことはない。
　常に実取引と紐付きとなる金融は、効率性をある程度は犠牲とせざるを得ない。一方で実取引と紐付きであることは、金融取引の確実性が増す。独立した金融取引は、効率的である一方で、実体取引から切り離され、不確実性が増す。貨幣が貨幣を生む世界ともなる、またゼロサムゲームである賭博行為にもつながる。実体取引自体と紐付きであっても実取引自体が、投機的で不確実性の高いものであれば、紐付いた金融も不安

定なものとなりうる。(不動産投機が実物価格バブルを招いた、ドバイ危機のようなケースもある) しかし紐付き性があれば、相対的には安定性の高いものとなる。一方実取引と切り離された取引は、容易に膨張してマネー・ゲームとなり、市場の危機を招きやすい。

不確実性を制御することは難しく、また不確実性のある世界で高いレバレッジの投融資の危険性は、マーヴィン・キング元英蘭銀行総裁などによって繰り返し警告されている。

ある独立した投資機関は、リーマン・ブラザーズ倒産以前に、サブプライム・モーゲイジ価格下落を予測した。格付け機関による最上位格付けは、個別融資の精査不十分として信頼できないと見ていた。デフォルト率の増加が予測された。彼らは融資をカバーする Credit Default Swap (CDS) 価格は、リスクを十分反映せず極端に割安とみた。低プレミアムで大量の CDS 購入を、保険会社と契約した。これらの CDS を購入した投資家・金融機関は、単に自社のサブプライム・イクスポージャーの資産価格暴落をカバーしただけではない。危機時点では、サブ・プライム資産保有額をほとんど持たずに CDS を購入していた。危機発生で、CDS 価格が高騰すると市場で CDS を売却し、莫大な利益を上げている。サブプライム・モーゲイジローンの売買取引でなく CDS 自体の取引であった。

そもそもサブプライム・モーゲイジ市場が大きく拡大したのは、サブプライム・モーゲイジに投機しても安心できるCDSによるリスクカバーの仕組みがあったからともいえる。こういった投機が投機を生む結果として CDS を販売した保険会社は、サブプライム・モーゲイジ市場の崩壊の結果、引き受けた CDS がカバーしたサブプライム・モーゲイジローンの膨大なロスを被り、実質的な倒産状況となった。保険会社が救われなければ、CDS でカバーされた多くのサブプライム・モーゲイジローンへの投資機関や銀行も倒産することとなり、当局が市場に介入し、保険会社を救った。結果として CDS は履行され、CDS のみを購入した投資家は莫大な利益を実現できた。又サブ・プライム資産を、CDS でカバーしていた金融機関も救われることとなった。

実取引を離れたデリバティブでの効率的なカバーがあって、サブプライム・モーゲイジ市場の無謀な拡大を招き、市場崩壊の危機を招いたともいえる。

日本における為替取引の実需原則撤廃

　日本では、1980年代後半のバブル生成期に先駆けて、1984年4月1日より、先物為替取引における実需原則の撤廃が、当時の大蔵省により実施された。

　先物為替の実需原則は、外国為替取扱銀行が、居住者（貿易事業者等）との間で行う先物外国為替取引を、紐付きで縛っていた。貿易等の実体取引に基づく需要に裏付けられることが、先物外国為替を取引する許可条件であった。貿易に伴う輸出入金融取引も、輸出入商品と紐づけされていた。Bill of Exchange（荷為替手形＋輸出入貨物の船荷証券）の割引と貨物貸渡しと委託販売契約に基づいた金融取引で、輸出入商品と厳密に紐付けされていた。この原則は投機的な外国為替取引で、ドル円相場の安定性を害しないための規制であった。一方企業などには、機動的な為替リスク・ヘッジを行えない難点があった。

　当時筆者は、東京銀行資本市場部審議役であった。実需原則撤廃により、企業の行う実需に基づかない取引は、投機性の高い一種の賭博行為として、刑法に触れる恐れはないかと、当局の担当者から質問を投げかけられた。

　企業は実需によるトータル・イクスポージャーを超えてポジションを持つリスクを十分承知しており、個別取引と個々に紐付かなくとも賭博行為にはならないし、市場の流動性が増加し、市場が弾力的に先物為替相場を決定するのは望ましいと答えた記憶がある。

　輸出入業者は先物為替相場のポジションを、自社の実需を先取りして作り、将来の商品取引の為替相場のリスク・イクスポージャーをヘッジする操作が、機動的に行えるようになった。アンカバーにしておくか、カバーするか、為替動向の読み次第であるが、自由な操作の結果、損益の振れがむしろ大きくなることもあった。自社のトータルポジションを

第三章　イスラム金融の禁止項目 Gharar

越えた為替操作は危険であり、先物相場の変動で企業の損益は大きく変動する。

　実需原則撤廃もあって、1984年4月、選択権付先物為替についてはブラック・ショールズ理論による選択権価格（オプション価格）の決定実務と、東京市場での第一号オプション取引が行われた。東京銀行（当時）駒形康吉氏によって、オプション価格決定手法と市場の主宰者としてのヘッジ手法が開発され、取引が開始された。市場の主宰者は、売買を希望する市場参加者とのオプション売買を行うが、結果として売り買いの差額が積み上がる。銀行自体が、市場のオプション・ポジションを引き受ける結果となる。この処理も解決すべきテーマであった。

伝統金融・資本市場におけるデリバティブ取引規模

　世界のGNP総額　　Global GNP by World Bank
　2022年末　　　　　101兆ドル
　デリバティブ総額　　Bank for International Settlements, Basel
　　2023年末総額　　667兆ドル
　　　金利デリバティブ　　530兆ドル
　　　FXデリバティブ　　118兆ドル
　　　Credit Default Swap　8.5兆ドル
　　　その他（株・商品等）　10.5兆ドル
　2007年6月デリバティブ516兆ドル　　リーマンショック当時
　2023年9月　日本の金融市場のデリバティブ　日銀資料
　　OTC取引　　　　　75.2兆ドル（金利65.8、為替8.9）
　　取引所取引　　　　8兆ドル
　　（2014年　　　20兆ドル）

　現在のデリバティブの残高はGlobal GNPに比して7倍近く、リーマンショック当時と比べても、相変わらず高いと思われる。

　GNPを大きく上回る残高は、実需と直接紐付かないデリバティブ取引が、大きく行われていることを意味している。

　リーマンショックが、深刻化した原因の一つとして、抵当付サブ・プ

ライム証券、Collateral Debt Obligation（CDO）の市場組成が、著しかったこと、Credit Default Swap によるリスク分散が市場を拡大させたことがある。特定の保険会社は、CDO などの資産リスクを低く見積もり、カバーする CDS の低価格販売を行い、結果として暴落した資産を引き取ることとなった。

　イスラム式保険は不確実性をカバーし、事故発生時のリスクを保険組合として、組合員が共同してカバーするものである。伝統的市場では、再保険がある。先ずは保険会社が単独で、リスクの引き受け手となる。保険会社の組合員が共同でリスクを分かち合うものではない。イスラム金融上の保険では、リスクの引き受け形式により、その可否につき意見が分かれる。CDS のようなデフォルトへの保険は、組合員が共同で引き受けるものでなく、保険会社が、単独で引き受けていた。このような保険形式は、イスラム式保険 Takaful としては禁止されている。イスラム式保険は組合員による相互補償となる。

伝統的金融資本市場での投資とその不確実性

　イスラム金融でとりあつかう gharar とその解釈・対応は、伝統的な金融市場でのリスク・不確実性への対応の参考とすべき点が多々ある。イスラム金融市場でも危機は経験されているが、伝統市場での金融危機に比べ、負の影響度は小さかった。

　John Meynard Keynes は、著書 The General Theory of Employment, Interest & Money において、投資には inherent uncertainty があり将来の投資結果は予測しがたいこと、将来予測に見られる pessimism の結果 investment の停滞が、経済の低迷、後退を招くとした。

　同書の Chapter 12: State of Long-Term Expectation vii では、投機による市場の instability がみられる。人の本来的な性質から数学的な期待値より、その大部分が、自然発生的な楽観主義（spontaneous optimism）に支配されているとした。

　我々の積極行動の意思決定は、アニマル・スピリットの結果とする。

単に数理的な計算に依拠し投資の可否を決定するだけでは、企業は衰退するとする。そして個々人の心持ちは、景気停滞や恐慌に際し、その悪影響を拡大するだけでなく、経済的な繁栄にも政治的、社会的な傾向が影響しており、ビジネスマンにとっては、社会の雰囲気が快適でなければならないとする。

イスラム法理とイスラム金融法の解釈論

　伝統金融では、制定法体系・自然法体系や判例法などによって、法律上の議論が整理されている。イスラム法系はShariah（泉に至る道）と称され、宗教、日常生活すべてにわたる統一法系となっている。法理論と法体系について概略を先ず記す。

　イスラム金融では、Quranや使徒の言行であるHadithによって、金融の原理・原則が明らかにされている。これらの聖典には、具体的な詳細例示もなされている。刑事法・行政法に加え商事法・民事法など日常生活を含めシャリア法系に従う。聖典で禁止されていない金融原則、行動は原則自由である。一方明示された原理・原則は厳守すべきとされる。

　イスラム金融ではQuran, Hadithから解釈の余地のある金融商品・行動の可否は、以下のような手法で結論が導かれる。法典は異なるが、法的結論を導く手法は伝統金融と類似している。

（因みにマレーシアなどイスラム金融・伝統金融の併存する金融制度の国家では、イスラム金融訴訟への対応は、イスラム法上の契約に基づいてイスラム法に準拠し、既存の法廷で訴訟の審理がなされる。）

　al-ijma：法学者が一致し意見表明されたコンセンサスや、積極的に賛同しないまでも容認される。

　al-qiyas：QuranやHadithの類似事例からイスラム法学者の推論により導かれる。

　　　　　賭け矢は賭博として聖典により禁じられているが、そこから他の賭博行為－競馬・競輪なども、法学者が類推して禁

じられる。

al-ijtihad：権威ある法学者が、聖典に類似例がなくとも、聖典の幅広い考え方や、公益・慣習などから結論を導く。Qiyasに比べて論理構成は弾力的となる。

イスラム法から見た5分類評価

聖典であるQuranとHadithからイスラム法学者は5種類の価値判断を導いている。
1. Haram（Prohibited）　　禁止項目
2. Makruh（Reprehensive）　避けるべき、非難されうる項目
3. Mubah（Indifferent）　　是非の対象外の項目
4. Mustahaab（Meritorius）　奨励され価値ある項目
5. Wajib（Obligatory）　　実行すべき義務項目

　ghararの概念、該当する実物商品取引や金融商品は、上記分類の1から3に該当し、また不確実性（uncertainty）を承知しながらの遠隔地との通商やプロジェクトなどへの投資などは、分類4にもあたる。危険度や不確実性の高い行為への関与であっても、必ずしもすべてがghararとは考えられていない。ghararには、本質的に罪などの否定的な意味合いが含まれている。危険度（risk）の高い国境なき医師団の活動や自衛戦争などは、奨励・実行すべき項目の3・4分類にもあたる。

シャリア法格言

　イスラム金融原則の基礎となるシャリア法理（fiqh）について99の法格言が公表され、研究されている。重要な5格言を引用する。

Article 1："Matters are determined according to intention"
　日本の民商法体系のフランス法、ドイツ法の意思とその表示を基礎とする法理論を想起させる。イスラム法系では何らかの行為の法的評価は、その意図によるとされる。Hadithの使徒の言葉 'Actions are judged by intentions, and every person will get what he intended'　Sahih Bukhari

Article 2："In contracts effect is given to intention and meaning and not words and forms"

契約の解釈として、フォーム化された契約書の文言によるばかりではなく、契約当事者の意図と理解が重視される。

Article 3："Certainty is not dispelled, (does not dispel caused), by doubt."

確立された慣習・儀式などにつきその意図が重視される。法的には確立された事実を、実質的に意味ないことで疑問に付すことをしない。

Article 4："It is a fundamental principle that a thing shall remain as it was originally."

明確な証拠なくして、確立した事柄を覆しえない。

Article 5："Things which have been in existence from time immemorial shall be left as they were."

歴史的に確立した慣習、不動産など資産に関する権利は、覆すに十分な証拠や実質的な理由無くしては、継続的に維持される。

現在のイスラム金融機関の新商品開発では、その可否は中央銀行の Shariah Advisory Council 或いは各金融機関内の Shariah Advisory Committee に諮られる。権威あるイスラム法学者（mufti）の shariah に照らした decree（fatwa）として発出されるケースもある。

gharar は、riba とならんで Quran, Hadith で明示された最も重要な禁止項目とされる。しかし gharar の定義については前述したように、様々な見解が表明されている。英語に翻訳されたアラビア語の定義としては、uncertainty, speculation, misrepresentation, ambiguity, risk, hazard, fraud, deceit などである。また Sami al-Suwailem のように、wealth exchange game としてとらえる法学者もいる。win-win, lose-lose, win-lose, zero-sum の4種類となる。zero-sum game は典型的な gharar としている。

イスラム研究者による gharar の英語訳の定義と分類については、A) risk, B) uncertainty と C) risk and uncertainty とする3カテゴリーの研究者の立場があるとする以下の論文に詳しい。

Theory of Gharar and its Interpretation of Risk and Uncertainty from the Perspectives cf Authentic Hadith and the Holy Quran: A Review of Literature　Article・June 2016 authors: Waeibrorheem Waemustafa Universiti Utara Malaysia Suriani Sukri Universiti Malaysia Perlis

Quran、Hadith の言葉から見た gharar
　先ず Quran. Hadith による gharar 禁止に関連した節（verse）から原典の意味・目的を見ていきたい。(－の以降の注記は筆者の解釈)

Quran
　2　The Heifer（al-Baqarah）　メディナ啓示　牝牛
　9　They seek to deceive Allah and those who believe, but they deceive none but themselves, though they are not aware.

　アラーとその信者を欺こうとするものは誰も欺くことはなく、自らを欺いているのみで、そのことに気づいていない。
－gharar は、詐欺、あるいは詐欺の要素が含まれるとする立場からは、この verse により gharar の禁止は明白である。

　10　In their hearts is sickness, and Allah has increased their sickness. They will have a painful punishment because of their denial.

　彼らの心は病んでおり、アラーはそれを重くする。彼らは欺きを否定するために、苦痛に満ちた罰を受ける。
－欺きの意味での gharar の罪は重いことが語られている。

　11　And when it is said to them, "Do not make trouble on earth,"
　they say, "We are only reformers."

自らを欺く者は、地上で問題を起こすなと命じられたのに、欺きの行為者は、自分たちは改革者と答えた。
－ gharar は不確実性を表すとする法学者は、不確実性の高い金融取引の神による禁止を読み取る。実需に紐付いていない（unbundle）実需原則を外した商品である先物為替予約や選択権付先物取引である option などが、金融市場での取引の安全性強化と効率化、流動性を高めるものとする意見は、この verse により否定される。

12 In fact, they are the troublemakers, but they are not aware.

実際彼らは問題を起こしているが、気づいていない。

19 They ask you about intoxicants and gambling. Say, "There is gross sin in them, and some benefits for people, but their sinfulness outweighs their benefit."

賭博と飲酒は多少の益があっても、罪の重大さが上回る。
－不確実性の高い、あるいは対価なく一方が損を負担し、他方が益をとるゼロサムゲーム取引である賭博は禁止される。

4　al-Nisa Woman
29 O you who believe! Eat not up your property among yourselves unjustly except it is a trade among you by mutual consent.

お互いの合意に基づく売買でなければ、不正に互いの資産を食いつぶしてはならない。正義と公正さと、売買当事者の争いを避けることが、求められている。
－本節は gharar の禁止を意味しているとされている。

120 He promises them, and he raises their expectations, but Satan promises them nothing but delusions.

サタンは約束し、人々の欲望を駆り立てるが、サタンの約束は偽りにすぎない。

5 al-Maidah The Table 食卓
90 O you have believed, indeed, intoxicants, gambling, stone alters, and divining arrows are but defilement from the work of Satan, so avoid it that you may be successful.

酒、ギャンブル、偶像崇拝、占い矢はサタンによる冒涜行為であり、これらを避ければ成功するだろう。
－不確実性を伴うギャンブル、占い矢はサタンの行為として禁じている。

91 Satan wants to provoke strife and hatred among you through intoxicants and gambling, and to prevent you from the remembrance of Allah, and from prayer. Will you not desist?

酒とギャンブルで、サタンは敵意と憎悪をお前たちにあおり、アラーと礼拝を忘れさせる。お前たちは、それを拒絶できるか？
－不確実性を有するギャンブルの罪の重さを、繰り返し語る。

57 al-Hadid` Iron
14 They will call to them, "Were we not with you?" They will say, "Yes, but you cheated your souls, waited, doubted, and became deluded by wishful thinking until the command of Allah arrived; and arrogance deceived you regarding Allah."

－神意が表されるまで希望的な観測で対応するのは過ちとされる。

20　Know that the worldly life is only play, distraction, glitter, and boasting among you, and rivalry in wealth and children. It is like a rainfall that produces plants and delights the disbelievers. But then it withers, and you see it yellowing, and then it becomes debris. In the Hereafter there is severe agony, and forgiveness from Allah, and acceptance. The life of this world is nothing but the enjoyment of vanity.

現世での楽しみ、資産や子供を誇ることは偽りの輝きであり、雨が降った植物が茂り、不信心者が喜ぶことと同様である。それらは滅ぶ。来世では激しい苦痛が待つ、神は許し受け入れてくださる。この世の暮らしは、うつろな楽しみに過ぎない。
－来世を望み、神を信じることを求めている。

73. al-Muzzammil the Enwrapped 衣に包まれて

20　~ He knows that~ others travelling through the land, seeking Allah's bounty, and others fighting for Allah's cause. So read what is possible for you, observe the prayers, give regular charity, and lend Allah a generous loan. ~ you will find it with Allah, better and generously rewarded. And seek Allah's forgiveness, for Allah is Forgiving and Merciful.

現世では、ある人は病に苦しみ、ある人はアラーの豊かな富を求めて旅をし、又ある人はアラーのために戦っていることを、アラーは知っている。できる限りコーランを読み、祈りの掟を守り、慈善行為を欠かさずにして、アラーに気前よく貸しを作りなさい。アラーがさらに気前よく返してくれる。アラーの許しを請えば許して下さる。
－ここでは生前の行為について、アラーを信じていれば、来世での

許しと幸せがあることを予言している。

Hadith　Sahih Muslim Book 16　3613　売買の書
62　Abu Said　al Khurdri
　Allah's Messenger forbade us two types of business transactions and two ways of dressing. He forbade Mulawasa and Murabadha in transactions. Mulawasa means touching another's garment with his hands, whether at night or by day, without proper inspections on objects of sale. Murabadha means a man throws his garment to another and another throws his garment confirming their contract without the inspections of mutual agreement.

　アラーの使徒はムラーワサとムダーバダという二つの売り方を禁じた。ムダーバダというのは、布地を投げるだけで、触れたりして十分調べさせないでの販売方法であり、ムラーワサというのは十分検品させない販売方法である。
－使徒は商品売買にあたり、十分に検品することなく契約することを禁じた。

　3614　Abu Huraira reported Allah's messenger forbade a transaction determined by throwing stones and the type of transaction that involves some uncertainty.

　石投げによって契約することを、使徒は禁じた。
－賭けでの販売となる。

　3640　Ibn Abbas reported as saying: He who buys food grain should not sell it until he has a taker position of it.

使徒は語った。食用の穀物を購入するものは、引渡しが終わる迄その穀物を、売却することはできないと。
－空売りとなることを禁じている。

3654　Jabir Abdullah is reported to have said that Allah's messenger forbade the sale of a heap of dates the weight of which is unknown by the known weight of dates.

　使徒は、重さの分からない棗椰子の実の売買を禁じた。
－品質、分量などの定まらない商品販売を禁じている。

3663　Ibn Umar says a man mentioned to the messenger of Allah That he was deceived in a business transaction, whereupon Allah's messenger said: When you enter into the transaction, say: There should be no attempt to deceive.

　使徒は契約を結ぶ際、偽りを試みてはならないと相手に告げよ、と述べた。
－欺罔は厳しく禁じられている。

3665　Ibn Umar reported that Allah's messenger forbade the sale of fruit, until they were clearly in good condition, he forbade it both to the seller and the buyer.

　使徒は述べた：果物は良く熟すまでは、売買してはならないと。
－商品販売に品質確保を求めた。熟すまでは品質甘未など不確実性がある。

Hadith　イスラム伝承集成Ⅱ　ハディース売買の書　p283-341　牧野信也訳

本書には、神の使徒ムハンマドの言行が、売買の書113節に及ぶケース・スタデイとして示されている。

　リスクテイクとともに、検品の徹底、検品時期の指定など不確実性を極力避ける例示がなされている。また欺罔を禁じる例示がなされている。一方当事者のみが利得を得て、他方が相手の利得額に等しい損を負担する、ゼロサム取引である賭け行為を伴う商売を禁じている。

Gharar イスラム法学派の創設者別の定義

Hanafi － "that whose consequences are hidden"
　　　　Al-Sarakhsi and Al-Zailai defined gharar as something with unknown consequences.
　　　　Al-Kansani and Ibnu Abidin defined gharar as a potential risk faced by a person and gharar refers to syak that goods may or may not exist (syak=suspicion).
　　　　－ハナフィー派は、gharar は、結末が明らかにされていないこと、潜在的なリスクに直面することとした．
　　　　商品を見るまで、売買を中止できるとする Hadith を引いている。
　　　　"Whɔsoever buys something that has not been viewed, he has khiyar (choice to buy or reject) after viewing it"

Shafi － 'that whose nature and consequences are hidden "or" that which admits two possibilities, with the less desirable one being more likely" Al-Ramli stated that gharar is something that two assumptions, positive and negative, with negative more dominant.
　　　　－シャフィー派は、性質と結末が不明で良否二通りの結末があり得て、より好ましくないこととなる可能性が高いこと。
　　　　Mazhab は買手が商品の specification を知らなければ

gharar として aqd（取引）は無効とする。

Hanbali －"that whose consequences are unknown" or "that which is undeliverable, whether it exists or not"
－ハンバリ派は、結末不明或いは実現できない、対象が存在しているか不存在かも明らかでないこと。

Malik －"that aleatory transaction by chance"
－マリキ派は、偶然に依存した取引を Gharar とする。
Resolutions of the Securities Commission Shariah Advisory Council Malaysia www.sc.com.my
Siti Salwani Rizali: Associate Professor of International Islamic University

　これらから、売買の対象物の不存在、契約情報が不適切、不正確で商品取引に受渡日、商品情報の不足している取引が、gharar として想定される。契約自体が複雑で、契約当事者に内容が理解しがたい、或いは詳細が不十分なものも対象とされる。
　ghrar は、uncertainty であり契約において主となる対象が存在しないことであり、欺罔とリスクと定義した法学者、Ali and Ahmad, 2007、Al-Qarafi　1998
　契約自体が賭けとみられる（game of chance）ケースがある。賭けの要素を含みまた欺罔を目的としていると、契約は無効とされる。不確実性があるが、その確率が低い契約は、取消の対象となりうるとされる。
　不確実性については三分類される。

Excessive gharar（al-gharar al-katir al-gharar fahisy）
　　　　売買対象・価格が不分明などで、無効とされる。Excessive gharar は、transaction by chance として、使徒により禁じられている。

Trifle gharar（al-gharar al-yasir）

確実に入手可能な商品取引だが、商品細部が不詳。
Average gharar (al-gharar al-mutawassit)
両者の中間的 moderate gharar
法的効力には法学者により分かれる。

Al-Suwailem は、上記三分類を以下のようにとらえている。

1. Negligible
2. Inevitable
3. Unintentional

避けがたい不確実性、意図せざる事象の発言、無視できる不確実性としている。

gharar は Quran の 'Satan only wants to plant enmity and hatred among you through wine and maysir' の verse から、Hanbali 学派の Ibn Taymiah（サウジアラビア Hanbali school 13 世紀）は、売買で当事者の一方が利得を得て、他方がリスクのみ負うのは gharar とした。この取引の衡平さの喪失も、その契約内容の不十分さ、不確実性或いは悪意が原因とみられる。

Al-Ghazali は（バグダッド・メッカで活躍 11-12 世紀の神秘主義の学者、イラン人）

1. については確実性が実現しないケースはほとんどなく、損失も限定されるケースとしている。
2. については相互に利益となる win-win な不確実性であるが、リスクが顕現することも避けがたいとする。
3. は当事者の意図次第で一方当事者の有利、或いは双方の利益となる結末が分かれるとした。

何れのケースも不確実性の予測と確率把握は困難であり、実現リスクは予期しがたい。

現実の市場金融商品取引を想定すれば、その取引の測定しがたい結末予測と実現確度から、gharar の重み、禁止の判断には、当事者の意図と実現確率の議論に入り込むことは避けられず、判断は困難である。意図を重視する考え方に一理がある。

Sami al-Suwailem は Liability と Return 或いは Utility のバランスが, Hadith によって語られているとする。

'liablity justifies utility'（al-ghurm bil-ghunm）というイスラム金融の maxim が, gharar の有無を決定するとしている。

この原則は、イスラム金融・経済において主要な原則―損益分担 Profit Loss Sharing につながる。リスクを負って初めて利益を得ることが出来るとする。liablity=risk, utility=profit である。資本の投下、経営労力、リスクテイクなどをして初めて利益ができるとする原則である。保険におけるリスクテイクのカバーの正当性は、保険契約者が組合の基金に貢献しておいて、損失のカバーが得られる。損益の分担には衡平が重視される。リスクとリターンの正当性が問われることとなる。

Gharar の概念には、不確実性とそれに伴うリスクが関連している。リスクを取って、リターンのない行為の正当性、リスクを取らずリターンを得る行為の正当性、リスクもリターンもない行為、リスクを取りリターンも得る行為で、それぞれリスクの実現の有無、リターン実現の有無の場合の、契約当事者の損益分担の正当性すなわち契約内容の衡平性が問われるとする。Profit & Loss sharing の原則の中身と gharar の精査が必要とする見解である。

具体例として Ja'alah が挙げられている。

Ja'alah は、契約相手に、契約の成就により支払（賃金等）を、初めて行う契約であり、その可否に学派により賛否が分かれる。本件は Hanafi School は契約が成就するとしても gharar とするが、他は報酬が妥当であれば可とする。しかし契約が成就しない可能性が高い契約では、gharar と考えられる。

株式市場での株取引・公営ギャンブル

株式取引は一見ギャンブルに類似しているが、株式投資では投資家が市場全体でも、利益を得ることが出来るので gharar ではない。宝くじはゼロサムゲームであり、イスラムでは不可とされる。しかし日本の宝くじ市場では、宝くじ購入者の期待利益総額は、購入総額の 40％程度

に設定されていると想定される。差額は経費と社会貢献事業への拠出金が、ほとんどとされる。多額の購入者は、期待利益に到達しない確率が高く、確かにリスクが大きい。社会貢献事業の重み次第ではあるが、公営の宝くじは、単純には gharar とは言えないと思われる。運用次第といえる。

イスラム金融－商品の信用売買、債権の売買例と Gharar の解釈

商品取引における gharar を、イスラム金融の短期金融商品で見てゆきたい。主に短期流動性金融市場取引となる。

Murabaha
イスラム短期金融における代表的な金融商品となる。
ムラバハ取引経過
資金を必要とする借手が銀行に融資を依頼する。イスラム銀行は商品を購入し、借手に売却し融資期日に返済を受ける契約とする。
借手への売却価格は、銀行の商品購入コスト＋マークアップ（利益）となる。借手は商品を市場で売却し、資金を入手する。借手は商品価格支払期日に売買価格を支払う。
―シャリアの見地からは、商品取引と紐付いた金融形態であり、不確実性もなく、許容されている。効率性・経費に問題がある。

Tawarruq
タワルク取引経過
本取引では、資金を必要とする借手が、商品を売手の銀行などから、先払い契約で購入し、購入した商品を第三者に（宝石商など）売却し、期日に商品代金を（コスト＋マークアップ）、売手に支払う。
イスラム銀行には、商品購入先・売却先の仲介を依頼するのでなく、売手保有としての金の売却依頼とする資金調達方法となる。
―本取引は、bay al-inah が、明らかに多数法学者で禁止されているの

に対し、tawarruq は、許容する法学者の意見がある。Murabaha との違いは少ないが、gold for gold の取引禁止となる対象商品金を扱うことには疑問がある。

Salam（Prepaid forward sales）
　商品が存在していない段階での先払い、商品の先日付け受渡契約であり、不確実性（uncertainty-gharar）、risk は高いものと認められる。しかしこの不確実性（gharar）では、salam による益が大きく認められている。農業生産や他の商品生産のための資金となる前渡金として、gharar の程度は低く、有用であり許容されている。しかし先物と現物との差額は、riba となりうる恐れがあり、あくまで商品市場価格に紐付く必要がある。また salam の対象商品を先物で売却することは、実物の生産に係わらず、不存在の商品を売却することとして、原則禁じられている。

Parallel Salam
以下は El-Gamal による
Case Study: Al-Rajhi Investment Corporation の Sharia Board の fatwa（El-Gamal p85）　Shafii 派の法学者がボードメンバー
Salam Long の銀行が市場変動やインフレーションの懸念から、Salam Short Position を作ることを認めた。Parallel Saram と称される。

　イスラム売買で慣行とされる urban（down payment）については、Case Study: National Commercial Bank Saudi Arabia は、投資ファンドを設定し、その運用にあたり call option として urban をも利用ができるとしている。一定のウインドー期間を開けて、その行使を認めることで、学派による解釈の違いを乗り越えて、実務に利用することとしている。

Bay al-inah（bai' al-inah）
　売手は商品をイスラム銀行、他に cash で売却する。一定期間後、または同時に原販売価格 cash 価格より高価格又は同価格で、売手や第三

者が同一商品を購入・買戻しする形態とされる。

　本契約形態では、当事者の意図・契約目的が問題視され gharar とする見方がある。

　本取引には Hadith 3455　Sunan Abu Dawud に以下の記述がある Ibn Umar said that he heard the Prophet (S.A.W) say "When you enter into the inah transaction, hold the tail of oxen, are pleased with agriculture, and give up conducting jihad, Allah will make disgrace prevail over you, and will not withdraw it until you return to your original religion".

　Shafii 派の見解は、契約で意図が明記されていれば、問題ない契約形態とする。他派は、本質的に inah は無効な契約とする。他学派の ijma は契約無効とする。契約書自体の形式、表現にとらわれず真の意図－veracity がイスラム法上は重要であり、無効としている。
本契約には riba が、隠されていることが、契約書面に拘わらず無効とされる。又二重売買を、一つの契約にまとめる行為が禁止される。
マレーシアでは、1997 年 Sharaiah Advisory Council により inah 契約は許容された。上記の Hadith は禁止に至らないとしている。但し質権設定は認められず、契約書面が売手にあることが条件とされる。
また売買には riba の生じ得る金、銀、大麦、小麦、塩、棗などは対象とはならない。

Musharakah & Mudarabah

　'liablity justifies utility' (al-ghurm bil-ghunm) は、イスラム金融の重要な maxim であり、前述のとおりリスク負担なしでは利得もないとする。衡平な損益分担は、イスラム金融には、常に求められる鉄則となる。損益分担が一方的であると、取引自体が gharar とみなされる。

　伝統的な融資では、金融機関は事業者の信用リスクを判断し、その負担能力の判定が業務となる。金融機関のリスクテイクは、事業者の信用に限定されている。事業の失敗は事業者の責任として、金融機関は、責任を分担しない。業者からは、融資資金を全額回収する。事業者自身の

責任負担の能力審査と物的担保価値査定・保証人の責任負担能力判定などが金融機関の責務となる。事業自体の安全性・成功の可能性を金融機関は審査するが、その審査判定は、事業者の責任を免除するものではない。事業失敗のケースでは、事業者に全額返済責任が残る。

一方、イスラム金融では、金融機関は、事業リスクをとるパートナーの位置づけとなるケースが基本である。融資対象事業の失敗の責任とそのリスクも分担する。事業失敗により、事業者が借入金返済困難となれば、返済を猶予または事業者の債務を免除することが Quran で推奨されている。担保付き融資は許されている。

イスラム金融では、契約目標達成の不確実性は認めつつリスク・労力・資金・技術などの要素を分担することが、プロジェクト融資などの基本となる。金融・資本投下契約形式は mudarabah と musharakah と称されるパートナーシップに基づく契約形態である。

mudarabah & musharakah

musharakah は共同出資形態で、経営資本労力を分担し、分担に応じた損益の衡平な分配が行われる。資金提供のリターンは利子でなく配当となる。

mudarabah においては資金提供者と労力提供者が分かれ、資金提供者は、資金を回収できないリスクにさらし、経営労力提供者は提供した労力が無駄に終わるリスクを取ることとなる。リターンは、配当である。

両形態とも損益分担の衡平を保ち、円滑なプロジェクト投資と、業務遂行が分担して行われる契約形態となる。契約自体、内容の不明確さと riba の要素が排除される。

Bay al-Dayn (bai al-dain) Transferable debt certificate trading

債務書による債務証書の買戻し、あるいは債権者による債権証書の売却行為などを指している。債権債務の移転契約は、hawalah とされる。

商品の貸手が、借手からの返還期日前に、商品を第三者に売却する行為は、返還の不確かな (uncertainty) ケースとしてシャリアに反する

とされる。債務を債務者が、返済期日前に返済せずに第三者に肩代わりしてもらい、債務移転し、債務の代金として商品を売却する行為も不確実性を含む行為であり、また riba も含みうるとして禁止されている。

一方シャリアは hawalah として同額、同量、同期日で売却することは許している。この際債権の買い手は、債権の同額を支払わなければならない。債権の買い手は購入の利得－期限経過の利益はないことが条件となる。Bai al-dain による債権購入者の支払いは即時キャッシュでなければならないとされる。

Hadith 伝承者（companion）がだれかは特定されず、研究対象だが、債権の売買による不確実性から、取引の衡平・公正さと明確さが損なわれてはならないとする。このため債権の売買は即時キャッシュで行われなければならず、売買当事者間で新たな債権・債務が発生してはならないとされている。使徒は 'Do not sell debt for debt' として語っている。一方で riba の要素、不確実性が排除されれば、credit での同額取引が可能とする意見もある。

この議論を導く伝承として以下引用する。この言葉は現存している債権を現存していない債権とで交換売買してはならないと解される。

Abu Sa'id al-Khurdri 'Do not sell gold for gold except equal for equal, and do not sell what is absent for what is present' (Sunan en-Nasa'i 4572)

Takaful イスラム式保険

伝統的な保険市場では、不確実性は高いが起こりうる盗難、火災、地震、風災害などによる損害、海上・陸上運輸保険、航空・宇宙事故、或いは個人の疾病・生命など、様々な事象で被る損害をカバーする。Credit Default Swap も、金融市場における融資の保険の一種と言える。

イスラム保険相互組合でも、不確実性が高く、発生確率は低いが、損害が高額となる事象の付保による損害カバーには、多数の組合員が参加

する。一人当たりの保険料に比べリターンとしての保険金は高額となる。ギャンブル性が高いともいえる。しかし保険は、被害者自らも保険料を負担し、まれに起こる多額な損害を共同で補償する。被害者の救済を通じて、社会経済の維持に貢献する。保険の意義は大きい。賭博は、by chance により他者の損失の見返りで利益を得るゼロサムゲームに過ぎず、保険とは全く異なる。

　El-Gamal によれば、イスラム金融において著名なイスラム法学者、Mustafa Al-Zarqa が、伝統的保険を肯定している。(シリア・アレッポ生 1904 -1999)、1947-1961 国会議員・閣僚経験、Fiqh による民法制定に貢献、Fiqh Council Member, Makka、著書 Al-Madkhal Al Fiqhi Al-Aam、(A Comprehensive Introduction to Islamic Law)

　Al-Zarqa は、伝統金融市場における保険商品は、イスラム法でも取扱い可とした。(金利付きの投資での保険料の運用は禁止)
Grand Mufti of Egypt, Dr. 'Ali Jum'a も伝統保険は、若干の modification によりイスラム社会でも運用可とした。

　一方で、The Fiqh Academy of the Organization of Islamic Conference は、Al-Zarqa の唯一の反対意見のもとで、伝統的商業保険は、ギャンブルの形式をとっているとした。保険料を支払っても、損害が無ければリターンはなく、少額の保険料で、多額の保険金が受け取れるためとしている。

　The OIC Fiqh Academy の決定は以下の通り。
1. 商業保険は、Gharar の要素が強く禁じられる。
2. 組合形式の保険として、相互の自発的な貢献によって運営されるべき　Al-Takaful Al-Ta'awuni (Mutual Cooperative Insurance Institution) が運営する保険は許可される。

　日本では、保険会社は元々相互会社形態であったが、近年、株式会社形態が増えてきている。海外でも同様の傾向がみられ、相互保険、組合形式は少ない。上記の他に、社会保険制度が国営又は公営で行われている。社会保険、農業、漁業従事者の保険制度など、公益目的で制度は整備されている。

Bai 'Urban イスラム式 option 取引

In its 13th meeting on 19 March 1998, in a discussion on composite index futures contracts, the SAC passed a resolution permitting bai'al-'urban from the Islamic jurisprudence perspective.

マレーシアの Securities Commission によれば、Shariah Advisory Council が、1998年3月 urban を利用して composite Index Futures contract の売買を認めている。Urban は元々売買契約における取引証拠金であり、証拠金の売買で、金融資産などの売買契約を移転可能とするものである。

The Hanbali Mazhab considered it permissible based on the practices of Saidina Omar Al-Khattab. He once appointed Nafi' to be his representative to buy a house from Safwan bin Umaiyyah in Mecca to be converted into a prison. Safwan asked Omar for a deposit and laid down the condition that the deposit would be his if Omar terminated the contract. Omar agreed to the condition.

Hanbali School の Mazahab は、urban の取引許可の論拠として、上記の事例を挙げている。

上記の例では、Omar Al-Khattab が、Nafi を代理人として Safwan bin Umaiyyah から邸宅を購入しようとした。Omar は Safwan から証拠金を求められ、証拠金を預託した。

本件に関しては Imam Malik による以下の伝承も伝わる。

Al-Muttawa of Imam Malik

Saidina Umar ibn Al-Khattab placed a deposit with Suwayd ibn Sa'id to trade a house. If Umar was satisfied with the trade, he would finalize it, otherwise, he would take back his deposit.

Imam Malikによる伝承では、預託金は実行すれば内金となり実行しなければ返却されるとしている。Optionとしての性格が乏しい証拠金ないしは手付金と考えられる。

本件の許認可については、Hanbali学派以外の三学派は許可しないとして意見は分かれるが、Shariah Advisory Commissionは本件事例から、マレーシアのイスラム資本市場を、金融オプションが発展させ得ると考えた。

イスラム式オプションは、あくまでunderlining assetsとの紐付きとして許容されると考えられている。金融取引としてのoption自体の売買は、実取引との紐付性は確認しがたい。イスラム式の片務契約wa'ad（unilateral promise）としての構成で、シャリア規制をクリアできるとする見解がある。Intermediate Islamic Finance: Nabil Maghrebi他にはwa'adによりシャリア規制をクリアしmuslahah a'mmah（公益）を満たすオプションのリスクヘッジ機能を生かしうると記述されている。

Hanbali学派以外のschoolが、許可しないのは、契約が実現しない場合、urbanの支払者は、通常料金を没収される。他方売手には利得があり、ゼロサムゲームであり不公平、としている。（eating other's wealth for nothing）Imam Malikの伝承は取り戻し可能としており、意見が分かれる。

上記にイスラム法学者の考え方は、金融市場でのオプションは、商品売買におけるオプションと違い、実体取引との紐付きがないことからの否定論とみられる。

Forward Contract（先物取引）

先日付での取引であり、契約時点で価格、異種通貨間や金融商品間等の詳細が取り決められ、対価の授受と商品受渡の両方が、将来期日に、同時に行われる取引である。その不確実性の評価が問題となる。

イスラム法学者は、シャリアに反するとしてきた。為替先物では、現時点からの相場変化により、当事者間で損失、利益が生じ得る。通貨先

物（currency forward）や商品先物（commodity forward）では、両当事者が将来時点での為替リスク・商品価格変動リスクをヘッジする操作となっている。

　本件は、両当事者それぞれの損益が、あたかもプラスかマイナスかのゼロサムゲームのように見える。しかしそれぞれが将来時点で、市場において、逆のポジションを実取引で持つことを想定してヘッジしている。一方的な損得の分かち合いではない。イスラム法学者の市場機能の理解が、不十分と思われる。

本章のまとめ
　イスラム法学によるghararの回避或いは否定は、Quran、Hadithの教えに由来する。現世は、不確実性とそのリスクに満ちているが、その中での商取引は重要で取引当事者双方は、衡平な損益分担を重視すべきとする。そのうえで、資金は退蔵されることなく積極的な投資・資金運用が、商取引や生産活動に、利益を求めて活発に行なわれることが奨励された。

　使徒は、companionに対する指示や考えを示している。ghararについての教えは、これらの活動に伴うリスクを管理し、取引関係者相互が、明確に取引内容、対象商品等を理解して、社会的な生産性の向上を図るための、必要かつ詳細にわたる考えとして示されている。これらが、Hadith売買の書においてまとめられ、記されたものと考えられる。
イスラムの世界でのghararは、取引当事者間の損益分配が一方に偏よってはならないという原則を含んでいる。人々の間に、不公平感や憎しみを残すのは、サタンの業とするQuranや使徒の言葉に、この損益分配の原則は由来している。また欺罔の意味としてもghararはとらえられる。他者を偽らないことは、先ず自らを偽らないことからとする言葉も、重要視される。

　聖典にそった積極的な生産活動や商取引が、リスクを管理しながら活発かつ円滑に行われ、結果としての損益分配は衡平に行われ、社会の安定と発展につながり、人々の来世での幸福の思いをつなぐ結果となると

される。

　この結果、経済発展が実現し社会福祉の向上が導かれると考えられている。gharar の取扱いには、Pareto Optimal な効率的社会の基礎となる考え方が含まれている。

参考文献

The General Theory of Employment, Interest & Money: John Menard Keynes

Chapter 12: State of Long-Term Expectation vii

対外経済政策　財務省 https://www.mof.go.jp＞pri＞policy_1972-1990

不確実性を飼い慣らす：イアンス・チュアート　徳田功訳　白揚社

錬金術の終わり：マーヴィン・キング　遠藤真美訳　日経新聞出版社

Ali, S.S.-Ahmad Islamic Banking and Finance: Fundamental and Contemporary Issues 2007 p.54

Resolutions of the Securities Commission Shariah Advisory Council Malaysia www.sc.com.my

Islamic Finance Law, Economics, and Practice: Mahmoud A. El-Gamal

What to forbid? Balancing Benefits and Risks p48

P81-96 Derivative Like Sales: Salam, Istisna, and Urban

Revisiting Principles of Gharar（uncertainty）in Islamic Banking Financing Instruments Bay Al-Inah and Bay al-Dayn towards a New Modified Model: Siti Salwani Razali Associate Professor, International Islamic University

Islamic Law and Finance: Frank E. Vogel & Samuel E. Fays III Ethical and Legal Consequences of Islamic Legal Rulings　p41

The 99 Sharia' Maxims: Article 1: "Matters Are Determined | Download Free PDF | Sharia | Jurisprudence（scribd.com）Concerning Article 15, al-Nadwi's quoted book, C.R. Tyser, B.A.L., et.al., The Mejelle: Being an English Translation of Majallahel-Ahkam-I-Adliya and a Complete Code on Islamic Civil Law, Hadith　イスラム伝承集成 II　ハディース売買の書　牧野信也訳　p283-341

Revisiting the Principles of Gharar (Uncertainty) Siti Salwani Rizali, International Islamic University

Intermediate Islamic Finance: Nabil Maghrebi, Abbas Mirakhor, Zamir Iqbal gharar & option p103,185,277,287

Towards an Objective Measure of Gharar in Exchange: Sami Al-Suwaulem Islamic Economic Journal Vol 7 Nos 1&2 p 61-102

A Critical Analysis of the Concept of Gharar in Islamic Financial Contracts: Different Perspective: Nehad A and A Khanhar Islamic University Middlesex University London

第四章

イスラム金融と Time Value of Money

Quran Al-Anbiya (21:33), The Prophets　預言者達
　And He it is who created the night and the day, and the sun and the moon. They swim along, each in an orbit.
　－神は夜と昼を創り、時の軌道をたどる太陽と月を創った。

Surah Al-Asr (103:1-3), The Time　時間
　By the time, Indeed, mankind is in loss, Except for those who have believed and done righteous deeds and advised each other to truth and advised each other to patience.
－時が至り、人々は自らを失う。そうでないのは、信心を持ち、正義をなし、互いに真実と忍耐を勧めあった者達。

Hadith Prophet Muhammad (PBUH) said:
　There are two blessings which many people lose: (They are) Health and free time for doing good. (Bukhari)
－使徒は述べられた、多くの人々は、神の恩恵により与えられた善きことを行うための健康と自由な時間を失うと。

伝統金融における Time Value of Money

　投資・消費・生産・通商などの経済活動で、商品価格・サービス価格は、時間の経過と共に変動する。イスラム金融が経済活動を支える時、当事者は神の言葉 Quran、使徒の言行 Sunnah などに従う。
　金融取引では、サービス提供時・商品受渡時と資金の提供・返還時が異なり時間差が生じる。融資者が対象の事業リスク、事業の経営労力などを負担していない場合、融資金の増分を借手が提供することは riba として禁止される。事業の成否にかかわらず、資金提供者に対し事前に取決めたリターン（金利）での増分提供の禁止である。
　融資元本が生む金利の授受は、本来 sterile な money が money を生むこととされ、Quran で厳しく禁止されている。またイスラム金融

において、融資付き商品取引で、融資期日の商品価格を事前に決め、商品対価を授受することでも、イスラム金融の学派により、疑義が挟まれる。

　このような時間と価値の関係は、イスラム金融独自の Time Value of Money（TVM）の考え方として、伝統金融とは異なる。イスラム法学者、イスラム教徒は、時間は神のみが扱うものと理解している。神はすべてを統べ、すべてを知っていると Quran に記されている。時間は、神が作り出し、神のみが統べ、世界を瞬時、瞬間の変化とともに再生させている。

　直線的な時間の概念はユダヤ教、イスラム教、キリスト教の世界にみられる。人間は神によって作られ、その与えられた自由な時間のなかで、最初にエデンの園で原罪を犯してしまう。原罪をもって現世に追放された人間には、現世の人生に終わりがあり、又世界の終わりの時には、死者はよみがえり最後の審判が待っている。永遠の命を得る者、煉獄に落ちて再生を望むものと、永遠に滅亡する者とに分かれると、これら啓典の民には信じうれている。

　与えられた時間の中で、いかに過ごすべきか Quran には仔細に神の言葉、Hadith には使徒の言行が記されている。

イスラム教と時間

　時間のとらえかたは、前述のようにイスラム教徒とキリスト教・ユダヤ教で共通している。

　これに対し仏教では、時間は永劫に輪廻し、人間はその中にあり、再生を、様々な形で繰り返すと信じられ、悟りによって始めて生まれ変わりは止むとしている。

　Yale University の神学者、Gerhard Bowering は Proceedings of The American Philosophy Society vol. 141 1997 に Concept of Time in Islam を発表している。

要点は以下のとおりである。

1. イスラム以前のアラブ社会の時間（Dahr）観は、運命論に支配されていた。
2. 使徒の言行 Hadith は、人のすべての言行は、天使に記録され最後の審判に使われるとした。
3. アラビア語の時間概念は、ギリシャの時間概念に対応している。
    chronos-zamen　　クロノスは平坦な継続的な時間を表す
    aion-dahr　　　　アイオンは時間の永続性を表す
    kairos-waqt　　　カイロスは重要な機会としての時間を表す
    diastasis -mudda　デイアスタシスは独立分離した時間を表す
4. アリストテレスは、時間の変化の連続として宇宙の永続性を論じた。プラトンは、時間は宇宙創造以前から神の永遠の認識とともに存在したとした。
    イスラムに最も影響したと考えられるのはデモクリトスである。原子論から、すべての瞬間の連続する変化は神の創造の業とする。イスラム神学のルーツとされる。
    イスラムのスーフィズムの立場からは、時間は神のみにしか存在しない。時間は神であり、永遠に存続する。神の創造物は現在の瞬間しか、存在しない。

Quran　2　Al-Baqarah　The Calf　牝牛
255

God, there is no God but He, the living, the everlasting. Slumber seizes Him not, neither sleep; to Him belongs all that is in the heavens and the earth
　神の永遠を伝える

Quran 25 Al- Furqan　The Standard
58

So Trust in the Living One who does not die
　不死の神を信ぜよとする

Quran 55 Ar-Rahman The Most Merciful 慈悲深い神

26

All that dwells upon the earth is perishing, yet still abides the Face of the Lord, majestic, splendid

地上の全ての生物は滅ぶが、壮大な神は輝き留まる

Quran al-Hadid Iron　鉄
57-3 & 5

He is the First and the Last, and the Outer and the Inner, and He has knowledge of all things.
5. To Him belongs the kingship of the heavens and the earth, and to Allah all matters are referred.

　神は始めであり、最終者で外延・内包のすべてを知っている。天と地すべてが神に統べられる

伝統金融・経済の基礎としての Time Value of Money（TVM）

　伝統金融において、TVM（時間の価格）は Positive Time preference を前提にした、基本的な経済学概念である。プロジェクトの事前評価など、経済活動の評価・価値算定には、事前の想定金利が利用される。

　経済活動を行うには、金利を考慮し、投資或いは事業の開始が決定される。時間経過に応じた金利は、金融と経済の基礎になっている。時間は神が統べるとするイスラム金融の考え方を見てゆく前に、伝統金融におけるTVMの考え方を振り返りたい。

　先ず古典的な経済学における時間経過と金利について振り返りたい。伝統金融において TVM は、金利の概念から語られる。Adam Smithによれば、生産者或いは事業者からすると事業利潤から金利を差引いた残余が pure profit となる。TVM における価値は、時間選好によって

変化すると考えられていた。

Adam Smith: The Wealth of Nations　1776　Book I, Chapter　9 On the Profits of Stock

'The proportion which the usual market rate of interest ought to bear to the ordinary rate of clear profit necessarily varies as profit rises or falls. Double interest is in Great Britain reckoned what merchants call a good, moderate, reasonable profit; terms which I apprehend mean no more than a common and usual profit. In a country where the ordinary rate of clear profit is eight or ten percent, it may be reasonable that one half of it should go to interest, wherever business is carried on with borrowed money. The stock is at the risk of the borrower, who, as it were, insures it to the lender; and four or five percent may, in the greater part of trades, be both a sufficient profit upon the risk of this insurance, and a sufficient recompense for the trouble of employing the stock. But the proportion between interest and clear profit was either a good deal lower, or a good deal higher.

　国富論に現れる貸手は、マーチャントバンクと思われる。商品ストックに、担保付或いは担保なしで融資して、賃金、諸経費を差しひいた商人の利益の半分が時間と価値が結んだ利息となる。利率は18世紀の当時8〜10％であり、在庫商品を担保としていれば、その半分としている。

　Adam Smithは金利を経費と考え、金利、賃金、諸経費を引いた残余を、pure profitとしている。商人が商売に失敗し、ストックを処分しても、経費（含む金利）が賄えない損失が出たときの貸手の負担についての記述はない。商品を担保とすれば、融資金利は半額としており、貸手側のリスク負担の有様は、今日の金融機関の取り扱いとは異なるように推測される。

Eugen von Böhm-Bawerk: Positive Theory of Capital
Book VI 1888　Translated by William Smart 1930
Chapter 1.　Loan and Interest

　The difference of the value of present and the value of future goods is the source and origin of all interest on capital.

　The exchange of two goods, one present, the other future, with agio necessarily on the former. Principal plus interest is the equivalent in future goods of principal lent in present goods.

　ベーム・バヴェルクは、現時点の商品価値と将来の価値との差額から、資本に課される利子が生まれるとする。消費者は現在商品を、その時間選好から選択し、将来商品に勝るとする。このような普通の消費者の嗜好は、しばしば時間選好理論（Time Preference theory）として引用される。

　現在の商品に対する融資元本額と融資金利の合計が、将来商品に期待される価値に等しいとする。（将来価格から現在価値を算出するためには、金利分を複利で割引く必要がある－ compound discount）

　時間選好には、消費、投資などの実需発生時点を左右する様々な要因がある。消費の場面で、単純に現在の商品を選好するのではなく、貯蓄として将来の消費に用意しておく、時間選考もあり得る。

Paul Samuelson Economics: An Introductory Analysis
Part One Basic Concept: Capital and Time

　The economy depends upon three major factors of production: labor, capital, and land. Capital has a special relationship to time.
Growth from the sacrifice of current consumption.
If people are willing to save—to abstain from present consumption and wait for future consumption—then society can

devote resources to new capital goods. ~We are enhancing future productivity

　サムエルソンは投資行動については、現在の消費を控えて money を、生産のための資本設備の充実投資や、生産技術向上のための教育投資などに振り向ける行為、Time preference 時間選好を将来の生産性の向上に求める行動としている。

Milton Friedman and Anna J, Schwartz: Monetary Trends in the United States and the United Kingdom (National Bureau of Economic Research Monographs)
1982 by the University of Chicago Press
Money and Interest Rates: Price anticipation effect p 490

　When, in our example, prices are rising at 5 percent a year, the public will sooner or later come to anticipate the price rise. As a result, the 4 percent initial interest rate can no longer be the equilibrium rate.

　以下はアーヴィング・フィッシャーの研究についてのフリードマンのコメント

The Role of Money: 12.9 Fisher and Gibson p 630-631

　Irving Fisher was an early and sophisticated user of the basic idea of rational expectations. His expectation (in 1896) that nominal interest rates would be relatively high during periods of rising prices and relatively low during periods of falling prices was based on the view that lenders and borrowers seek to anticipate price movements and allow for them in the interest rates they are willing to accept or to pay.
He suggested an explanation in terms of the slowness with

which participants adapted their anticipations to experience, leading to an appearance that interest rates vary with price level rather than the rate of price change.

　ミルトン・フリードマンは Money, Price そして Interest の関係性の研究で知られている。物価が年率５パーセントで上昇した時に、人々は金利が４％では物価の均衡点は求められないと、遅かれ早かれ認識するとする。
　フリードマンは、アーヴィング・フィッシャーの Purchasing Power of Money を引用した。人々は、物価の高騰するときは金利が高く、物価が低下すると、金利は低いと認識している。合理的期待に基づき、貸手と借り手の間で、物価の変動とともに金利の変更が行われるとする。人々は物価の変化から、合理的期待をゆっくりであるが変化させ、金利は物価の変化率とは言えないものの、物価水準によって変化することを述べている。
　フリードマンは、Money Stock, Velocity, Price, Interest の関連についてアメリカ、英国の実証研究を進めた。本著の研究は高く評価されるが、貨幣数量説が物価にもたらす効果が、日本の量的金融緩和政策の根拠として、適用される十分な理論的根拠になりえたかは疑問がある。日本の家計は消費を控え高い貯蓄性向を持った。企業の国内投資への慎重な判断とともに、政策的に増加した Money Stock は Money Velocity を極端に低下させた。結果として 2013 年以降の質的・量的緩和にもかかわらず、過去十年間は需要面からの物価上昇にはつながっていない。

伝統金融における投資の Time Value
プロジェクト・ファイナンスにおける金利の役割
　大規模プロジェクト投資の局面で、時間選好は単純ではない。
　投資の決定・投資の将来への繰延べ・投資の中断には、様々な決定要因を評価しなければならない。企業間・国家間の競争に備えた時間選好

や、期待されるプロジェクト・リターンの高低とその達成の可能性評価、資本の調達コストの現在と将来予測、政治や社会的・経済的なリスク要因の評価などがある。

　各種のプロジェクトの成否見込みを判断する際、先ずは経済的にプロジェクトに投下される資本の合計が、プロジェクトの想定される稼働ライフ・タイムに、どれだけのキャッシュフローを生んでゆくかを算定し、予測する。

　プロジェクト完成後の想定される稼働・保守・税負担などのコストも、算定し、収入から差し引き、ネット・キャッシュフローの予測を行う。

　プロジェクトの稼働期間中のネット・キャッシュフローから、資本投下に対し、どれだけの利潤を生むか、リターン／投下資本比率が、キャッシュフロー予測から算定できる。

　プロジェクトのライフ・タイムのキャッシュフロー総額を、投下資本額と単純に比べても、フィージビリテイ・スタデイとしての価値は乏しい。通常利用される長期金利（running interest rate）或いは、想定インフレ率を使い、将来のキャッシュフローを複利で割引いて、Future Valueからその現在価値（Present Value）の算定が必要となる。プロジェクトのTime Value of Invested Moneyの評価となる。

時間選好に関する日本の経済学者の論考

　時間選好については様々なアノマリーが見られることが検証されている。Kahneman & Tverskyの行動経済学による検証などが著名である。

　古典的には、効率的で完全な市場経済では、資本の限界生産力、時間選好、市場利子は一律の割合で連動するとされる。将来のキャッシュフローは、市場利子率で割引かれ、その現在価値が算定される。というものであり、逆に現在価値は、市場利子率で複利・増加計算されて将来の価値が算定可能という議論である。

　ベーム・バヴェルクのように将来と現在の消費の選択は、将来の限界効用の低減、未来の効用を現在に割引いて選択する考え方である。

しかし個人の選択は関数的に表現できるか疑問が多い。人により異なり又効用だけでなく、リスクとその個人毎に異なる認識を定量化するのは困難と思われる。

　京都大学依田高典教授の「時間選好に関する基礎的な考察」京都大学経済論叢 1991　148.4.5.6　が興味深い。

　企業行動を考える時には、個人企業か、組合かあるいは株式会社で企業の所有者と経営者が分かれているかなど、様々な違いを考慮する必要がある。不確定の高い、将来予測の困難な状況での企業の選択を、定量化できるとするのには疑問がある。

　東洋大学助教、芝正太郎氏は、現代政治経済研究所 2017 年 4 月「リスク選好と時間選好の統合に向けて」とする論考を WINPEC Working Paper J1701 として発表している。

　これまで時間選好とリスク選好は別々の分析対象であったが、リスクと時間はそれぞれの選好において分離するには不可能性が高いとしている。

　伝統金融の世界では、行動経済学の発展もあり、様々な時間選好の研究がなされてきた。リスクの高低、年齢層若年、中年、老年による違い、リターン或いは利子率の高低による時間選好の研究である。

　時間選好は必ずしもポジティブではなく、ネガティブ或いは選好度ゼロもありうるとされている。

イスラム金融における Time Value of Money

　人の行動を支える時間は、神のみが扱うもので人間の扱う領域でないとする。イスラム金融では時間は神が支配し、神そのものである時間の経過を利用し、貨幣が貨幣を生むこと－利子を取ることは許されないとされる。この意味では Time Value of Money が否定されている。

　伝統的金融機関も、イスラム銀行も信用創造をしている。信用創造に

よって Money Supply が増加し、経済が発展する。しかしこのことは貨幣が貨幣を生むこととはとらえられない。銀行による信用創造においては、金利によって通貨供給が増えるのはごく一部となる。融資資金が実物や労働の対価としての報酬などに投資され、さらにその投資の受け手が、資金を次の投資や消費に向けて回転させてゆく過程で増えてゆく。銀行には預金準備が課せられており、資金回転には様々な限界があり無限大とはならない。現在の日本経済の問題は資金回転の低下で、17 世紀の John Locke が指摘したように低金利による諸悪の発現とも考えられる。

　イスラム金融・経済における Time Value of Money は、時間選好と商品価格や労働賃金、rent 価格と直接結びついている。時間選好は Positive, Zero, Negative と分けられる。時間経過の中での生産、通商などで利益を生み出し、資金を投下すること、時間選好をすることは許される。

　イスラム金融において、Money の価値・機能への見方は伝統金融と異なる。Fiat Money（兌換券でない通貨）には、それ自体の内在的、本質的な価値がないとされる。現時点・将来の投資と消費のための決済手段、価値を測る機能は持つ。兌換紙幣や貴金属通貨は、内在的な価値を基礎としている。金との定量の交換保証や、金・銀を定量に含んでいるため商品としての内在的な価値を持つ。現在では貴金属通貨は、決済機能を持って流通してはいない。

　Quran, Hadith には、利子の明示的な禁止がある。さらにイスラム法学者は、Fiat Money（不兌換紙幣）である法定通貨には内在的、本質的な価値を持たないとする。不兌換紙幣が貸し出され又貯金となり、時間の経過によって Money を利子として生むことは禁止されるとする。

　兌換券や金、銀などの硬貨は、時間とともに、その内在する商品としての価値は変わる。

　Hichem Hamza, Khoutem Ben Jedidia によれば、投融資行動をモ

スリムが行う際には、Economic Time Value of Money と Social Time Value of Money の両方が勘案されるとする。

　Economic Time Value of Money は、実物取引の生み出す価値、或いは実物で測られた生産性によって評価される。伝統的融資の成果である投融資利回り－金利のリターンで測られるものではない。

　Social Time Value of Money は、ムスリムにとっては、来世の報酬を測るものとなる。Quard Hasan（慈善融資）の行いや Waqf（宗教施設や慈善事業団体）への資金提供を通して、神を見ること（al-ihsan-美しい行い）で、現時点での消費・富の増加の抑制と分かち合いである。他者に成果物や wealth の一部を分かつことは、来世で神からの報酬を望むことで、Hadith によれば使徒がその報酬を約束している。

　来世の Time Value of Money への選好である。現世での成功と来世での幸福の両者を願うことが、ムスリム共通の指針となっている。

　Quran では、現世とともに来世を考えることを繰り返し教えている。

Quran 87 Al A'lah　The Most High　至高神
16-17

　But you prefer the life of the world, although the hereafter is better and more lasting

　皆は現世を好むが、来世はより良く、長く続く

Quran 75 Al-Qiyamah　Resurrection 復活の日
20-21

　Nay, but you love this fleeting life, and give no thought to the life to come

　束の間の現世を好み、来世を考えぬか

　Economic Time Value of Money としては、投融資にあたり、投融資時点で取引形態ごとに以下の4種指標により、損益分担契約締結が可能である。これらの指標で、イスラム金融における Time Value of Money を測る。

1. 投資者と事業者の Profit & Loss Sharing 契約分担率
    Musharaka　共同事業者・資金提供者としての分担率の契約
　　　　　　　　　事業遂行の結果の分担を予め決め得る。
    Mudaraba　借入人事業への出融資・リスクテイカーの分担率

2. Mark-up の明示取引マージンの取決め
    Murabaha　証券・商品取引で期日商品価格をマーク・アップ

3. 割引率
    Salam　商品購入者の前払い契約、商品受渡後日の価格割引率

4. 賃貸料
    Lease and Ijara

　2、3では、現在と将来の商品価格差分が、損益として分担できる。商品の売買形式で、延べ払い形式では商品価格が現価より高くなること、逆に前払い契約では、将来の商品受渡価格が現価より安くなることが許されている。(Fiqh Academy of Organization of Islamic Conference 2004)

　4では Time Value of Money を含んだ rent- 賃貸料として、イスラム金融では許容されている。

　実物の売買価格の一部として或いは、実物の使用料金として Time Value が、実物と一体化して認められている。これに対して伝統金融の貸付金利は、実物価格、或いは事業の損益などと分離されており、イスラム金融では許されないとされる。

　Money を、時間差をおいて Money と交換することで（Time Value of money）価格差を生むのは Riba al Nasia とし禁止される。
Hadith　Muslim

4 98

Gold for gold, silver for silver, wheat for wheat, barley for barley, dates for dates, and salt for salt, like for like, equal for equal, and hand-to-hand; if the commodities differ, then you may sell as you wish, provided that the exchange is hand-to-hand

短期金融イスラム市場取引商品 -Murabaha

　Murabaha商品は短期イスラム金融市場商品としてそのシェアが、圧倒的である。

　AAOIFI（イスラム金融機関会計及び監査機構　1991年バハレーンで設立される）

Standard Sharia　8　4/6

　It is an obligation that both the price of the item and the Institution's profit on the Murabahah transaction be fixed and known to both parties on the signature of the contract of sale. It is not permitted under any circumstances to subject the determination of the price or the profit to unknown variations or variations that are determinable in the future.

　Murabahah is based on a certain percentage of the cost and is not tied up with LIBOR or a time factor

　Murabaha契約は詳しくは、以下のような形態をとる。

　イスラム銀行が、資金の需要者に商品を販売する。価格は当事者間で合意した上乗せ価格（mark up）を、契約時の市場での商品原価に加えたものとなる。顧客は、市場で直ちに商品を売却し、資金を得る。期日に販売価格を銀行は顧客から受取る。

　本節では、上乗せ価格は、当事者間で契約時に透明に決められなければならないとされる。

　イスラム銀行は商品売買を通じ、利子ではなく商品売買経費をカバー

する利潤を得たこととなり、シャリア適格とされる。

　この考え方の背景には、イスラム式の Time Value of Money の考え方がある。Money はそれ自体 sterile なもので、money が money を生むことは許されず（money の不胎性）、実物取引を通じて初めて利潤が生まれ、money は fertile になり、経済に貢献するとされる。

　Positive Time Value of Money、Positive Time preference の考え方から、実物取引が並行して行われ、金融取引が結びついて利益が生まれ、経済が活性化されるという。

　Murabaha における経費の配分についての細則は、AAOIFI の以下の Standard Shariah 8 細則を参照されたい。

2/4 Commissions and expenses
2/4/1 It is not permissible for the Institution to receive a commitment fee from the customer.
2/4/2 It is not permissible for the Institution to receive a fee for providing a credit facility
2/4/3 The expenses of preparing the documents of the contract between the Institutions and the customer are to be borne evenly by the two parties (the Institution and the customer), provided they do not agree that the expenses are to be borne wholly by one party, and provided those expenses are proportional to the actual amount of work involved so that they do not implicitly include a commitment fee or a facility fee

　イスラムの Time Value の認識として、受け渡しの時の違いによる売買価格差は、許されている。

The International Islamic Fiqh Academy (IIFA), (6th to 11th March 2004),
deferred sale transactions: the Fiqh Academy of the Organization of the Islamic Conference, and the Makkah Academy, asserted that interest in deferred sale transactions

constitutes a profit or a profit margin.

Time Preference Rate & Interest Rate
Shamim Ahmad Siddiqui

　Time Value of Money（TVM）と Time Preference の関係を論じている。Siddiqui は、様々なイスラム法学者の所論を紹介している。

　人々は常に Pure Positive Time Preference を持つとは限らない。また現在時点の Time Preference が、将来時点に勝るとも限らない。

　人々は将来の需要に非合理的でも考えが足りないとも言えない。人々には現在の実現している収入が、将来の約束された収入に勝る。

　耐久消費財については Interest Free Loan の開発が望まれる。

　Bay Muajjal（融資付き商品売買）は、Muddarabah（リスク負担融資）Musharakah（共同事業体での融資）とは、その性格が異なり、正当性に疑問がある。

Fahim Khan（1991）

　融資付き売買（延払い売買）や先払い商品購入の on the spot での取引との売買価格の違いを認めることは、イスラム金融での金利の禁止（Time Value of Money の否定）と矛盾するという考えがある。

　Khan において、融資付き商品売買（bay muajjal, Murabaha）、先払い売買（bay salam）が認められるのは、Positive Time Value of Money money の考えと商品受け渡し時点と、代金支払い時点の需給に伴う価格差による（現時点での消費需要が、先延ばし需要に比べ大きい）との前提がある。需給が異なる時点では、価格が変化しており、価格は変動することが認められるとされる。

　さらに賃金や賃貸料が、金利のように予め決められているのは Time Value of Money を示唆しているとされる。Rent：住宅賃貸料としての Rent には、償却費を越えた料金が含まれる。この超過部分は Time Value of Money とみられる。賃金や Rent, Bay muajjal（融資付の credit sales）には定額・事前約定済みの要素で、時間経過の補償部分

が含まれる。これは金利として Time Value of Money の禁止部分ともみられる。このためイスラム金融での正当性の疑問が生じる。プロジェクト融資において、feasibility study の検証に複利を基準とした割引計算で現在価値の算定を、イスラム金融でどう評価するか？

　イスラム金融での Time Value of Money の定義にかかわる疑問である。

　伝統金融は Time Value of Money が、常に将来にわたって割引かれていく前提に立っている。消費にあたっての時間選好が常に現在時点を優先している。将来の価値は減じてゆくこととなる。このため将来価値は割引かれ、現在価値が計算される。

　イスラム金融において、時間差による商品価格の値決めに伴い Bay Salam, Bay Mujjal は認められていることから、イスラム金融において Time Value of Money は認められるとする立場がある。

　しかしこのことは将来的に必ず商品価格が上がることを意味するものではない。すなわち Predetermined Time Value of Money があるわけではない。将来の商品引渡し時点での価格、或いは延べ払い代金支払い時点での商品価格は、契約価格と異なることがあり得る。

　取引における利益は、現実の支払時価格、或いは商品引渡し時の価格により決まる。ここに Khan は Time Value of Money を認める。

　Khan は、投資においては、将来の不確実性に基づく uncertain Time Value of Money があり、Expected Time Value of Money を想定する必要があるとする。この点で Zarqa のリスクも含めた比較対象可能なプロジェクトの実績利潤率を使用し、Present Value を算定するのは有用で permissible とする。但し expected rate return of capital には時間経過と関係する risk 要素が含まれる。時間と共に expected rate of profit return on capital は変化する。不確実性があり、時間とともに変化する。Time Value of money―時間経過に伴うリスク負担とそれ以外のリスク負担をし、実現する損益を分担し、投資の事後成果としての利潤配分が正当化される。

　このように Time Value of Money は ex-post（事後）に決定される。

しかし投資の決定のための想定割引率は ex-ante（事前）に決めなければならない

Zarqa（1983）

　Time Preference は、単に消費需要の Positive Preference に基づくものでないとする。金利をイスラムで否定することが、Time Value of Money を、否定する必須条件（sine qua non）でもないとする考えである。Zarqa は、公的インフラ投資の有効性の評価に Time Preference に基づき、割引現在価値を求めるのは肯定されるとする。割引率は比較対照されるべき既存のプロジェクトから引用し、算出可能とされる。

Azhar Rauf A（1986）

　公的インフラ投資と異なり、Private Infrastructures の投資リターンとリスクは、相応することが必要としている。
イスラム金融にとって敏感なテーマである、時間にリンクしたリスクと、時間とは無関係なリスク要因もプロジェクト投資にはあるとする。金利での割引率ではなく、想定される利潤率をもとにした割引での現在価値の算定であれば許されるとする。ここでは完全な予見可能性と不確実性の除去が前提となっている。又 Rauf は投資契約と融資契約は違うことを指摘する。

Al Qard Al Hasan における Time Value of Money

Al-Qard Al-Hasan のイスラム金融における重要性
来世に向けたイスラム教徒にとっての慈善融資
現世の経済活動としての役割・実施機関

　Al Qard Al Hasan（benevolent loan）は、返済期限を定めず、金利、手数料なしの経済的には無償の慈善融資としてイスラム金融機関が取り扱い、イスラム社会では多々利用され、その働きが重視されている。こ

の無償融資について Time Value of Money を考察する。

先ずは、慈善融資の性格を理解しておきたい。

宗教的な背景のない慈善行為と、イスラムの教えによる慈善の融資―経済的利益を求めないが、イスラムの教えを信じ、来世で神の報酬を求める慈善融資は、慈善を行う心構えに芯が通り、異なるものといえる。

イスラム社会での慈善融資は、inclusive finance（包摂金融）の一つとして重要な位置を占める。様々な融資目的があるが、教育資金、貧困からの脱却を支援、零細企業向け融資支援、農業支援、女性への支援などである。Wealth（資産）は、いつかは所有者の手を離れ、再配分されるように定められていること、又慈善行為が、来世の神からの報酬となると信じられ、宗教のバックボーンに支えられている。

無償の融資を行うのはイスラム金融機関、非営利団体、イスラム慈善基金 Waqf などの公益財団法人、協同組合、会員間の共助積立融資グループなどである。

Quran Surah Al-Baqarah

177. ～ But righteous is he who believes in Allah, and the Last Day, and the angels, and the Scripture, and the prophets. Who gives money, though dear, to near relatives, orphans, the needy, the homeless, the beggars, and for the freeing of slaves; ～ These are the sincere; these are the pious.

Quran 70　Surah Al-Ma'arij　Ways of Ascent　天国への階段

22. Except the prayerful.
23. Those who are constant at their prayers.
24. And those in whose wealth is a rightful share.
25. For the beggar and the deprived.

最後の審判の日に、天国への階段を登れる人は、信心を持ち、乞食と資産を失くし困窮している人に、自らの資産を分けておく人との言葉が

あった。

Hadith No: 5
Narrated/Authority of Sad bin Abi Waqqas

The Prophet came to visit me while I was (sick) in Makkah. The Prophet said, May Allah bestow His Mercy on Ibn Afra. I said, "O Allah's Apostle May I will all my property in charity?" He said, "No." I said, "Then may I have half of it?" He said, "No". I said, "One-third?" He said: "Yes, one-third, yet even one-third is too much. It is better for you to leave your inheritors wealthy than to leave them poor begging others, and whatever you spend for Allah's sake will be considered as a charitable deed even the handful of food you put in your wife's mouth. Allah may lengthen your age so that some people may benefit from you,

使徒は、病気のIbn Afraから遺産を全て慈善のために寄贈したいと聞かれ、だめだと答えた。それでは半分にしたいと聞かれると、それも多すぎると使徒は答えた。三分の一にしてはと聞かれ、良いとされた。使徒は、相続人が困らないようにすることが必要だとし、そのため慈善には、たとえ手に満ちるだけの食べ物でも、神は評価すると答えた。

Hadith 15 The Chapters on Charity (19) Chapter: Lending
Narrated by Anas Bin Malik

On the night on which I was taken on the Night Journey (Isra), I saw written at the gate of Paradise: 'Charity brings a tenfold reward and a loan brings an eighteenfold reward.' I said: 'O Jibril! Why is a loan better than charity?' He said: 'Because the beggar asks when he has something, but the one who asks for a loan does so only because he is in need.'

使徒は夜の旅で、天国の門に書かれている言葉を見たといわれた。慈善を施すと、神からの報酬は10倍となる。無償融資を行うことでは、神からの報酬は、18倍になると書かれていたと。使徒は天使ガブリエルに、何故かと尋ねた。天使は施しを求める者は、何か持っているが、借入れを求める者は、それが必須だからと答えた。

　このスンナから、モスリムは資金を運用し、リスクを取って経済的利益を求める融資に加え、無償の融資 al-Qard al-Hassan をおこない、来世での神からの報酬をも重視する。

Al Qard Al Hasan
　2021年のマレーシアにおける短期金融市場（Money Market）
Money Market 年間市場取引 15.5兆RM、
（うちイスラム金融 Money Market 取引 5.9兆RM）
al-Qard Hassan のイスラム金融中のシェアは 5.6%
3300億RM@33円＝10.8兆円に達する
(Bank Negara Malaysia: The Malaysian Islamic Finance Market Report)
本邦での JASSO の奨学金貸与残高が約9兆円であることを考えると、マレーシアでの al-Qard Hassan の年間の Money Market 取引高は大きい。

インドネシアでの al-Qard al-Hasan

　2015年実績は、イスラム銀行融資3兆ルピア @0.0095 ＝ 285億円、全シャリア融資の97兆ルピアに対し 3.1%を占める
　本融資額には銀行以外の Waqf などの団体・基金分は入っていない。
　イスラム金融に占める Qard のシェアは、マレーシアより低い。
　(E.A. Firmansyah　2016　IMM-16)

Al-Qard Al-Hasan（benevolent loan- 慈善貸借）における Time Value of Money

　本ファイナンスの実施機関は、金利・手数料を無償としているためにインフレ下の経済では、Value of Money が時間とともに低下して資金が償還されても保有する Money Value が減価していくこととなる。

Hanfi 学派
元本は使用貸借され、借入人は同額・同量の返還をすると定義

Maliky 学派
同額・同価値で同様に返済が求められる

Hanbali 学派
融資における借手の受益を重視する

　研究者は本ローンが、慈善機関のみでは行えず、イスラム金融機関とともに行われることで、その経済的効果に着目する。

　しかしイスラム金融機関は、借手の返済確実性にリスクを見積もる必要がある。リスクを勘案した社会的責任からの融資取り上げとなる（corporate social responsibility）。このため1件当たりの金額は少額とならざるを得ない。又融資期間は短期とされる。返済を受けても Money Value は、減額していることが多くなる。

　上記の実情から利益目標を持った商業金融機関としては、サービス手数料を求めている場合が多いとされる。

　インフレーションの下でも Money Value を維持するために、本位貨幣であった、金での融資を検討すべきとの見解もある。しかし金融機関が、金を市場から購入し貸出て、期日に金の同量返済を求めることはイスラム法学者により不可とされる。

　利益を求めなければならない商業金融機関（イスラム金融機関であっても）に、本ローンの取り扱いを大きく求め、残高を伸ばすよう求めることは難しいと認識されている。Al-Qard al-Hasan 融資における同量返済義務が、同 Value の返済を必ずしも意味しないとする考え方もある。

　借入価値が大きく変わった場合、和解（musalaha）を求める考え方

がある。当事者間で協議し、当事者利害を調整し、衡平と公益に配慮し、社会の利益に適うように和解を求めるべきという考え方がある。Quran や Hadith に明示的には述べられていないが、争いを平和裏に解決すべきという考え方は、イスラム社会に深く根差している。

2009 年のドバイ金融危機で土地価格が暴落した際、金融機関と借入人に対し、Dubai Shariah board は和解を求めているケースがある。

本章の結び

イスラム金融における Time Value of Money は、伝統金融におけるそれとは、大きく異なる。

時間経過により Money が Money を生む金利を排している点、来世での神からの罰と報酬を考慮しての経済活動かどうかでも違いが生じている。

Money は退蔵されてはならず、投資・生産・消費活動に回り、経済を発展させるべく有効に活用されることが求められる。時間の経過のなかで、資本家はリスクを取り、資本を活用し、生産とサービス活動に結び付け、利益を求めることが奨励される。

Money が投資・消費に回らない残りの資産の一定部分は、再配分されなければならないとされる。

イスラムの教えは、日本の現況を見ると、深く再考される必要がある。

参考文献

Money Time Value and Time Preference in Islamic Perspective: Hikem Hamaza Khoutem Ben Jedidia TUJISE　Turkish Journal of Islamic Economics 4（2）、2017, 19-35　tujise.org

The Controversy over the Time Value of Money among Contemporary Muslim Economists: Shamim Ahmad Siddiqui, University of Brunei Darussalam

Journal of Management and Social Science Vol2, No2（Full2006）144-153

Time Value of Money and Discounting in Islamic Perspective: M. Fahim

Khan, Islamic Development Bank, Jeddah Review of Islamic Economics, Vol 1, No. 2（1991）, p 35-45

An Islamic Perspective on the Economics of Discounting in Project Evaluation: Zarqa, Anas International Centre for Research in Islamic Economics, King Abdula Aziz University Jeddah, p 203-234

A Theory of Optimal Investment Decisions in an Islamic Economy: Azhar Rauf A（1986）International Institute of Islamic Economics, Islamabad

Islamic Banks concern with the poor and micro business: an evaluation on their Al Qard Hassan: E.A. Firmansyah　Universitas Padjaran Indonesia

Bank Negara Malaysia: The Malaysian Islamic Finance Market Report 13 Apr 2023

Impact of The Change of Time on Money Value with Reference to The Al-Qard Al-Hasan Practice: Shada Al-Muallad, Umar Idris Palarch' Journal of Archaeology of Egypt 18（13）, 961-969 ISSN 1567-214x

「時間選好に関する基礎的な考察」京都大学教授依田高典　京都大学経済論叢 1991 148.4.5.6

「リスク選好と時間選好の統合に向けて」東洋大学助教、芝正太郎　現代政治経済研究所 2017 年 4 月 WINPEC Working Paper J1701

The Concept of The Time Value of Money: A Shari'Ah Viewpoint Mohammad Fairooz Abdul Khir　International Journal of Islamic Banking & Finance vol. 3 issue 2

Concept of Time in Islam: Yale University Gerhard Bowering Proceedings of The American Philosophy Society vol. 141 1997

Creation in Time in Islamic Thought with Special Reference to Al-Ghazali Professor Eric Ormsby: Academic Article Institute of Islamic Studies

第五章

伝統金融の危機とイスラム金融

For the love of money is a source of all kinds of evil. Some have been so eager to have it that they have wandered away from the faith and have broken their hearts with many sorrows.
− New Testament American Bible Society 1971
　1 Timothy 6:10　パウロのテモテへの手紙

　Speculators may do not harm as bubbles on a steady stream of enterprise. But the position is serious when enterprise becomes the bubble on a whirlpool of speculation. "When the capital development of a country becomes a by-product of the activities of a casino, the job is likely to be ill-done."
− John Maynard Keynes's
　"The General Theory of Employment, Interest, and Money"

　イスラム金融と伝統金融は、多くの共通する原理・規制によってたち、各国中央銀行・金融規制当局・財政当局市場の規制・監督の政策目的には共通点が多い。
　当局の役割として安定した金融市場の維持、国内外での通貨価値の安定、国内物価・雇用の安定、円滑な金融による経済・社会の安定と発展を図ることなどが法定されていることが多く、イスラム圏・非イスラム国に共通している。
　一方これらの共通目的を持った両金融市場だが、その原理には違いもまた多い。資本主義経済下の金融市場では、歴史的に様々な金融危機と、経済危機の連鎖が繰り返し起きている。伝統金融市場における危機の原因・その原理とイスラム金融原理との違いを、本章ではレビューしてみたい。

Quran Surah Al-Baqarah 2:219
　They ask you about wine and gambling. Say, 'In them is great

sin and yet some benefit in them for people. But their sin is greater than their benefit.' And they ask you what they should spend. Say.' The excess beyond needs' Thus Allah makes clear to you the verses of revelation that you might give thought.

　ワインやギャンブルの罪悪は、その感じられる益よりはるかに重い

Quran Surah Al-Baqarah 2:188

"And do not consume one another's wealth unjustly or spend it in bribery to the rulers in order that you consume a portion of the wealth of the people in sin, while you know."

　公正さを期し、詐欺となる行為の禁止、過大な不確実性リスクをとることを禁じる

Hadith narrated by Abu Huraira

　The messenger of Allah said. 'Do not sell what is not with you.' 'I said, O Messenger of Allah, how can we sell what is not with us?' He said, 'Say, "If it were with me, I would have done and such with it," but do not make a promise.'"
(Sunan Ibn Majah)

　上記の預言とハディスは、偽りと搾取を禁止、過大な不確実性・過大なリスクテイクの禁止を含むとされる。
具体的に、以下過去30年ほどの金融・経済危機の例からみたい。
－ 1998年米国ヘッジファンドLong-Term Capital Managementの引き起こしたOptionを利用した債券市場危機
－ 2007から2008年の米国大手投資銀行リーマン・ブラザーズの破綻に象徴されるサブ・プライム抵当証券による世界的な金融危機
－ 2010年にドバイで起きた不動産市場の崩壊に伴う、ドバイショック
　上記の危機の原因に、共通してみられるのは市場の変動に、予測しがたい不確実性・現象があることである。冒頭に引用したように、預言あるいは預言者ムハンマドの言葉からイスラム金融の世界では、過大な不

確実性（Gharar）に基づく金融取引は、禁止されている。不確実性が過大な取引の回避とヘッジが問題となる。

金融商品の価格変動の推計は、過去の市場取引の頻度分析から一般にはなされる。起こりうる信頼区間の一定範囲で、リスクヘッジの必要量 Value at Risk を伝統的な金融の世界では算定する。

金融実務では、ベル曲線に通常はあらわされる正規分布での信頼区間 2σ（95.5％）、3σ（99.7％）の価格変動の頻度をカバーするリスク量を算定する。

しかし過去の金融危機では、正規分布によらないファット・テールの曲線や、5σあるいは6σの事象とされるブラック・スワンの発現などから実際の市場では、頻度分析による統計的な手法での市場予測には、限界があることも明らかになっている。

頻度分析に対比されるのは、人間の思考と行動に基づく分析である。英国の牧師 Bayes の残した推論は1763年に、彼の友人 Price が John Canton 宛てに送った書信に引用されている。Bayes は事象の生起の確率とは、生起を期待して計算されるべき値と事象が起こった場合に期待される値との比とした。（注　参考文献）

事象の生起の確実性は、万有引力の法則の時代と違い量子論の世界では予測が困難であり、人間が関与する金融市場の世界での確実性は、保守的に見てゆくしかない。

二つの主流の確率論を駆使しても、絶対的な不確実性（Gharar）とされるのは、どの範囲からの逸脱とされるかは、確定しにくい。又この問題は、確率を取り扱う金融機関の純資産とのバランスからも検討が必要となる。イスラム金融が禁止する絶対的な不確実性の世界と許容される世界との境界線は、神のみが線引きする、人知の及ばない線かもしれない。

米国ヘッジファンド Long-Term Capital Management (LTCM)

ヘッジファンドは、様々な金融技術を駆使し投資を行っており、リス

クヘッジの手段として開発されたデリバティブを利用し、1980年代、90年代に莫大に利益をあげていた。しかしLTCM危機、リーマンショックを経て、米国では銀行によるヘッジファンドへの投資は制限されることとなった。

イスラム金融市場でもシャリア適合性に基づき、様々なリスクヘッジが行われている。イスラム法学者によりシャリア適合のためのストラクチャー構成で、オプションはリスクヘッジに利用されている。

実需原則の緩和とオプション

第2章93-94頁に詳述したように、日本では、1984年まで為替取引における実需原則があった。為替予約を行うに当たっては、背後に輸出入・サービス取引等の実物取引があることが原則であり、書証をもとに為替の先物予約が許されていた。実需のない為替予約は、賭博行為と同じで、関係者は為替管理法のみならず、賭博罪に問われるという議論もあった。

外国為替の先物予約について、実需原則が緩む中で、様々なリスクヘッジ手段が開発された。(外国為替のオプションは、東京市場に80年代に東京銀行の駒形康吉氏によって導入されている)

当時当局との民間の議論では、為替の先物取引で実需原則から離れれば、より市場が拡大し、流動性が保たれ、市場取引がより円滑に行われる。結果として為替リスクのヘッジが円滑に行われることとなり、為替変動による輸出入・サービス貿易のリスクを回避できる。延いては実物・サービス貿易拡大につながるとされた。

1998年のLTCMのニューヨーク市場危機では、オプションを駆使したロシア債券投機で失敗したとされる。この失敗はオプション価格決定理論の限界も原因といわれる。

偏微分方程式を使うオプションの価格決定の理論－Black-SholesモデルはFischer BlackとMyron Sholesにより開発され、Robert Mertonが数理的説明を加えた。ショールズとマートンはノーベル賞を受賞した。両人はヘッジファンドLTCMの運営にも関与していたこと

第五章　伝統金融の危機とイスラム金融

で知られる。

　オプション価格と対応する資産価格とは乖離が生ずるので、現物商品の売買でデルタヘッジがされる。この方程式は、Bachelier（1900）により市場での株価形成理論－ブラウン運動の拡散方程式を基礎として構成された。拡散過程の確率分布を正規分布のベル形状で、安定分布として構成しているが、実際の市場では極端な事象がしばしば起きている。（ファット・テール現象）

　市場での金融商品の価格変動予測を、過去数年のデータから見た確率分散からリスクを計算しても、明日・明後日あるいは数日先の Value at Risk が、大きく変化する確率は消えない。

　短期間でも、気象条件の全データ把握ができないことから予報が困難なフラクタル現象が起きるように、常に不確実性にさらされているのが金融資本市場である。

　LTCM の破綻を招いたのは、オプション価格の変動リスクに対し、ファンドの自己資本・流動性保有高は少なく、高いレバレッジでの均衡を失した投資であった。

　高レバレッジ投資は、経済・金融市場の不確実性、予測しがたい変動に弱く、脆弱性をはらんだ投資であり、イスラム金融の禁則である Gharar を侵しているとみなされる。ギャンブル－Maysir に近い行為ともみられ、明らかにイスラム金融では認められない。

　自己資本とのバランスを欠いた高リスク投資の目的は、利益極大化とみられる。イスラム経済で、利益を目指すことは奨励される。しかしバランスを失した利益極大化は、富の偏在を招く。リスクに対する脆弱性から市場の不安定さ、社会の不安定につながる恐れがあり、公益性に反する行為と忌避される。

Quran al A'raf The Elevations

31 O Children of Adam! Dress properly at every place of worship, and eat and drink, but do not be excessive. (israf) He

does not love the excessive.

注 israf (spending or going beyond the limits imposed by Islam)
　神は度を越して利益の極大化を図る人を好まない

Quran al Qasas History

　77. But seek, with what Allah has given you, the Home of the Hereafter, and do not neglect your share of this world. And be charitable, as Allah has been charitable to you. And do not seek corruption in the land. Allah does not like the seekers of corruption."
　神は中庸を求めており、この世で十分に神からいただいている。過ぎたものを望んではいけない。悪いことは避けよとする

　オプションなどデリバティブは、リスクヘッジとして重用されるが、結果としてオプション自体が、実需を離れ過大に取引されるとマネー・ゲームとなる危険をはらむ。市場の過熱を招き市場全体の変動リスクが、一方向に過大となる恐れを引き起こす。Quran の言葉通り、リスクヘッジが福をもたらす行為というより、逆に過大な不確実性リスクをもたらす危険性がある。
　LTCM の投資対象は、ロシア政府債券関連のオプションであり、債務不履行に至り暴落した。イスラム金融が重視する実物・実体サービスに関連した取引からかけ離れ、シャリア適合性には反したものとみられる。
　イスラム金融では、ヘッジファンド自体の活動は、実物に関連したオルタナティブ投資活動を主体として、投資リスクの分散をもたらすものとして認められている。
　イスラム金融におけるオプションには Khiyar と Arbun (Urbun) がある。
　Khiyar はシャリアの文脈では、伝統金融のオプションとは異なり、

契約の優位に立たない当事者が、契約の一定期間内の取消権を有するケースを言う。これは実物・実サービスのハラール契約の中に織り込まれる。不確実性（Uncertainty）はない。

　Fiqh Academy of OIC, Seventh session; 9-14 May 1992 によれば伝統金融におけるオプションは、その性格から、Shariah 適合性に議論があり、限定されたものを除き不適格とされる。

　'Since the subject of the contract is neither a sum of money nor a utility or financial right which may be waived, the contract is not permissible in Shariah'

　オプションの利用については、金利を基礎としない Salam 契約に構成され－実物の売買契約における受け渡し日、金額、商品の限定を、もととした先払い契約の一種として構成され、Arbun －ダウンペイメント（英語では Arbun, Urbun, Arboon とも表記される）の活用も行われ、伝統金融のオプションに類似している。実物・実体サービスの取引を基礎とし、期日が確定しているものは、OIC Fiqh Academy, Hanbali 学派では上記を許容している。Gharar, Riba の要素が含まれれば認められない。Arbun 価格は underlining contract の本体価格に含まれることとなる。

　イスラム金融でのデリバティブの利用は限定的と言わざるを得ないこともあり、デリバティブが、イスラム金融の危機・市場の大きな変動をもたらす可能性は伝統金融での取引と比べ低いと言えよう。

2008 年、米国大手投資銀行リーマン・ブラザーズの破綻に象徴される世界的な金融危機

　2007 年から 2009 年にかけては、米国市場のサブ・プライム住宅ローンが、変動金利上昇・住宅価格低下・景気低迷・失業率増に伴う債務返済の不履行拡大から、同住宅ローンの債務担保証券－ MBO（Mortgage Backed Securities）をもとにした債務担保証券 Collateralized Debt

Obligation（CDO）の価格暴落が起きた。

　この結果、米国で CDO の引き受け・保有業務を行っていた証券会社や投資銀行の資金繰り悪化と自己資本の毀損がおこり、関係証券会社のみならず流動性危機が、CDO に投資していた商業銀行セクターにも波及し、各銀行は、自己資本の毀損を互いに疑う状況となった。信用不安から、銀行間市場へのドル資金の出し手は消えていった。世界の金融市場全体で、ドル資金を中心とした流動性低下が起こった。

　大手投資銀行リーマン・ブラザーズは破綻に直面し、救済はなされなかった結果、金融市場への衝撃は大きく、世界的な金融危機に発展した。この危機は金融市場にとどまらず、実体経済に影響が及び、世界経済は、大恐慌－ Great Depression 以来の危機に直面した。

　ドルは世界的な基軸通貨として、貿易決済の大半を担っていたことから、世界的な取引決済の停滞を招くこととなった。

　米国連邦準備銀行は、足元の米国市場のみならず、主要国中央銀行に巨額のドル資金を供給し、これを通して、各国市場に巨額の流動性供給を行った。中国における巨額の財政資金投入など実需拡大－経済振興策もあり、危機は収束していったが、実体経済にも大きな影響が出て、大不況 Great Recession として歴史に残る。

　この危機の原因は、キリスト教の七つの大罪－関係者の貪欲－ Greed で見境ない金儲けに走ったことに、発しているとも言われる。しかし資本主義経済の発展は、市場参加者のより良い生活への願望に根差した勤勉、絶え間ない技術革新への努力による経済への貢献がエンジンとなっていて、利益を追求すること自体はせめられない。

　イスラム教世界では宗教原理は、世俗世界と分離されていない。トルコの建国者アタチュルクのように、世俗主義を憲法に持ち込んで、宗・政を分離している例はあるが、イスラム圏のイスラム法学者は、宗教原理・宗教生活のみならず、人と人との関係－政治・経済を含めた日常生活の規範を、Quran, Hadith 等に従い律している。仏教の僧侶・キリスト教会と違い、宗教面・日常面双方にわたり律している。

　Quran は使徒 Muhammad（PBUH）に預託された神の言葉であり、

Hadith は使徒の行為、言葉の集成である。これらの解釈・類推は、イスラム法学者の管掌するところとなり、Fatwa として金融機関も含め一般庶民に示される。

危機は繰り返しているが、このような暴走が起きる原因は何故か、イスラム教の原理に従い、世俗の金融を包括するイスラム金融の世界では、健全な経済と金融市場が維持され、危機は起こりにくいといわれる。その背景はどうか、前述のサブ・プライム住宅抵当証券を原因とするリーマンショックについて、LTCM 危機と同様にイスラム金融の原理から検証してみたい。

サブ・プライム住宅抵当証券に端を発する、危機の進行過程に見られるイスラム教の関連原理への抵触

先進各国の銀行法・金融法令の原理と重なる部分もあるが、イスラム諸原理は、その重みに違いがある。イスラム教信徒モスリムには、イスラム諸原理は、神の言葉、預言者の行為と言葉によって成り立ち、現世での法令での規制・罰則等にとどまらず、来世でのありかたを決定する原理として、その受け止め方は重いものがある。

LTCM 危機で前述した部分と重なるが、整理すると以下の原理が関係する。

1. 道徳性と倫理的な基礎
2. シャリア適格性
    2－1 実物との関連を断ち切ってはならない－実需原則
    2－2 金利をもとにした商品設計は許されない（Riba）
    2－2 絶対的な不確定の禁止－Gharar（不確定）、Maysir（投機）
    2－4 不適切なリスク管理－Credit Default Swap の役割
        投資家をミスリードした格付け機関
    2－5 利益の極大化－資産対比過大な借入比率の禁止
        － Moderation（中庸）、Balance（衡平）、住宅債券の販売－ Jahl（無知－ ignorance）
    2－6 イスラム金融機関のリスク管理とガバナンス

－ Shariah Council
　この危機でのサブ・プライム債務担保証券の組成・販売・購入・格付けと規制当事者は以下の通り
　先進国とりわけ米国の規制当局・中央銀行・投資家（伝統金融機関、ヘッジファンド、ペンションファンド等）、格付け機関、投資銀行・証券会社、保険会社であって、イスラム金融機関の関与は寡聞にして承知していない。
　本件危機が発生する背景としては様々な要因があるが、米国での規制の変遷もあげられる。
－1933年Glass-Steagall Actは大恐慌後、預金と融資を旨とする銀行、証券引受販売の証券会社、投資銀行の分離危機抑制を図る。
－1999年Gramm-leach-Bliley Actにより、保険会社を含め垣根の撤廃に至り、相互乗り入れ可能とした。

2008年の危機を経て誕生した新ルール
－ 2010年 Dodd-Frank Wall Street Reform and Consumer Protection Actが成立した。
　ボルカールールにより銀行のヘッジファンド投資やプライベートエクイティへの投資が禁じられた。
　イスラム金融機関は、融資先と共に事業リスクを分担するなど、マーチャント・バンカーの色彩が濃く、その出自から融資先の事業リスクテイクを本来業務としており、事業リスクを分担せず、融資先の事業が失敗しても、金利を受け取る伝統機関と比べ、よりリスク管理には敏感厳格であり、このような規制の変遷との関係は薄いといってよい。

対象債券の実物・実需との関連
－ MBS（Mortgage-Backed Securities）住宅抵当担保証券
　イスラム金融は、実物・実需との関係抜きには成立しないが、サブ・プライム住宅抵当担保証券自体は、実物をベースとしたインカムフロー証券であり、イスラム経済の原理から離れたものではない。ただしイン

カムフローが、金利収入をもとに構成されたものは、禁止されている融資に伴う増分として riba であり許されない。レンタル収入や、住宅持ち分の分割支払いフローをもととしていれば、riba の禁止を侵すことはない。

伝統金融世界での、住宅抵当担保証券 MBS（Mortgage-Backed Securities）などをもとにした CDO（Collateralized Debt Obligation）は、1980 年代後半に Drexel Burnham Lambert において、Michael Milken がジャンクボンドを束ね、他の企業債務などとともにリパッケイジして、インカムフローと債務返済の可能性によって、その資産をクラス分けして格付けを分け取り扱った。これらの債券は、もともと金利収入を中心として設計されており、イスラム金融機関では取り扱いしていない。

MBS が CDO となってゆく過程では、MBS 以外のインカムフローを持つ証券も入り、実物との結びつきが弱まっていった。

絶対的な不確定性（Gharar）の禁止・投機（Maysir）の禁止中庸からの乖離、利益極大化

抵当付住宅ローンの証券化は、投資家を呼び込み資金を住宅金融市場に流入させた。サブ・プライムの MBS が CDO としてインカムフロー、返済の優先順位を切りわけることは、更に投資家を呼び込むこととなった。経済の活況の一方で、インフレ率は安定し、失業率が低下していたこともあって、低金利政策がとられていたことから（Great Moderation の時代～ 2007 年）変動金利の住宅ローン借り入れが多く、本来借り入れが困難な層のサブ・プライム MBS が市場に大量に供給され、低所得層の住宅保有が増えることとなった。

返済の確実性の乏しい層の MBS をもととした CDO への投資が増大したのは、証券の抱えるリスクの不透明性にもかかわらず、経済変動・将来予測の不確実性の一線を越えた投資があったと結果と言える。

投資家・金融機関は Great Moderation の間に、自己資本対比レバレッジが増大しているにも関わらず、Moderation（中庸）を逸した利

益極大化に走り、流動性のバックアップ積み上げを怠っていたといわざるを得ない。サブ・プライム住宅担保融資自体は、低所得層に、住宅を提供する社会性の高い融資であったと言えるが、その拡大の手法にリスクがあった。(1930年代の大恐慌時、米銀資産総額は当時のGDPの半分だったとされる。今日では米銀上位10行の総資産がGDPの60%とされる。米銀のレバレッジ増大の原因は、利益極大化への株主の圧力からといわれる。他の銀行同様のハイリスク・ハイレバレッジ・ハイプロフィットのゲームを続けないと経営者失格とされる)

　前述のようにサブ・プライム危機は、米国発の金融危機であった。危機が発現した結果、市場から世界の決済を担う基軸通貨であるドル資金の供給者、米国民間金融機関は、ドル資金市場から姿を消した。カウンターパーティとなる金融機関が抱える、同証券の重みが不分明であったことから、市場参加者はそのリスクを恐れ、市場にドル資金を提供しなくなった。通常のドル資金の流通・決済機能が損なわれ、深刻な世界危機が発生するところであった。

　米国連邦準備銀行による大胆なドル資金の流動性供給が、先進各国中央銀行になされ、世界は破綻の淵から救われたのは幸いであった。

　MBSをベースとしたCDOへの投資が、結果として投機的なものとなったのは、投資商品のアレンジャーが利益の極大化を図り、イスラム金融のみならず、通常の金融でも求められる中庸・衡平から逸脱し、バランスを逸したことが一因とみられる。この過程では、CDSなどデリバティブを利用し、リスクヘッジを行った金融機関・投資家は、その投資を拡大し均衡を失した。

　低格付けの住宅ローンであるサブ・プライムローンの格付けは低く通常の投資対象とはなりえない。しかし多くのサブ・プライムローンの中の一定割合は、確率的に返済が可能となりうる。この部分を切り分け、投資適格とした格付け会社の存在があった。さらに高い格付けを得た部分について、CDS (Credit Default Swap) を開発提供し、損失実現可能性が低いとして、安値でCDSを販売した保険業者があった。このためこのサブ・プライム住宅担保証券の市場は、膨張・暴走した。

2008年の危機に先立つ2003年3月英国のEconomist誌は、著名な投資家Warren Buffetの言として、株主への通信で、'当局の関与しようとしないスワップ・オプションなど複雑なデリバティブは、一部のディーラーのみが仕切る長期契約であり、複雑かつ市場に上場されない価格の不透明さもあり、利用の拡大は、結果として市場全体の脆弱性を増し、経済システムへの時限爆弾であり、financial weapons of mass destructionだと評した'と報じた。

CDS（Credit Default Swap）の役割と格付け機関
イスラム金融と保険　不確実性（Gharar）

　CDSは絶対的な不確実性－ghararを侵し、イスラム金融のルールからは逸脱したとみられる。

　投資家がMBSサブ・プライム住宅担保証券をもととしたCredit Debt Obligation（CDO）に過大に投資した原因に、前述のように格付け機関の格付けの不適切性とCredit Default Swap（CDS）の果たした役割がある。

　大手格付機関によるCDOの債務格付けは、投資家・金融機関から信頼が高かった。しかしサブ・プライムローンが変動金利上昇や、失業率の上昇の中でCDOに含まれる個々、粒々のローンにまで債務履行状況の適時適切なフォローアップと格付けの適正な見直しがなされていたとは言い難い。このため投資家の判断が、ミスリードされた可能性が高い。債務履行状況が徐々に悪化してゆく中で、適切な見直しとダウン・グレイドがなされていれば、状況が急激に一変することはなかったとみられる。しかし、この住宅ローン債務者の苦境からの債務不履行が増加する状況は、種々報じられており投資家自身も又注意を払うべきものであった。格付け機関の格付けを、特に機関投資家が盲目的に受け入れていたことも、また危機を大きくしていった原因となった。

　もう一つの重要な商品として前述CDS（Credit Default Swap）がある。この商品は債務が不履行となった際に、債務元本の返済を債務者に代わって保険会社などが代替する一種の保険である。保険会社は債務

の格付けに従って、一定期間内の不履行時のLGD（Loss Given Default）損失額を、保険会社自身の計算で吸収して、債務額をCDSの購入者に保証するものである。

　金融機関は、自社のすべての貸出債権について自社格付けを行い、債務格付けごとのLGDを算出し、LGD総計額を通常の収益計画の中で吸収することとしている。通常の事業収益で吸収できない損失に備えて引当金を積んでおり、損失の期間損益へのインパクトを回避する。事業収益に計算を越えて大きく影響する損失は自己資本の中の利益準備金などをヒットすることとなる。

　このような事態を避けるためには引当金の積み増しがあるが、税務上有税引き当てとなりうる。有税引き当てを避けるためにはCDSを保険会社から購入し、保険料を支払う。

　サブ・プライム債務担保証券については、投資家は債務不履行の増加によるCDOの価格下落に懸念をもって、通常格付けの高く分類されたトランシェを投資銀行・証券会社から購入していた。

　これらは、機関投資家は市場性商品として取り扱い、過去数年の価格変動からその価格変動の総計額が2Σ（2標準偏差内）推計したVAR値（Value at Risk）として、自社の収益・自己資本で、価格変動に耐えられるよう監視している。リスク管理部門の役割である。
この部分について保証を確保するため、保険会社からCDS（Credit Default Swap）を投資家・金融機関は購入していた機関投資家もいる。

　ここでCDS購入価格には購入時の格付けがキーとなる。格付けは一定期間（通常短期1年・長期3〜5年）の債務の不履行確率を想定して付与される。

　サブ・プライムMBSの最上位分類トランシェは、大手格付け機関により最上位格付けに分類されていた。この場合の通常の倒産確率は1％以下と想定される。CDSの価格は保険会社の利益部分を入れても非常に低いもの－数パーセント以内だったと考えられる。

　大手の保険会社で多額のCDSを低い料率で、危機直前まで引き受けていた機関があるとされている。このことはサブ・プライムローンの借

入れ増加をもたらし、問題を大きくして、保険会社自身の危機をもたらすこととなった。

一方で、サブ・プライム住宅債務証券をもとにした CDO 価格の問題 - 住宅ローンの不履行増加状況など調査し、これらのリスクをカバーする Credit Default Swap を、きわめて低額且つ大量に、低額で購入した投資家もいた。このような投資家は CDO の暴落時に CDS を行使或いは売却し、膨大な利益を上げた。

このようなバックとなる商品の債務履行に不確実性の高い商品への付保による、イスラム金融でのリスク管理の仕組みとしては、イスラム式保険 Takaful がある。これは会社式の組織が、引受手 － Underwriter となって加入者の損害を担保する伝統的保険とは異なる。

Takaful は、損害に備える互助組織の活動としての仕組みであり、組織の一員の損害を、互助により補填していくもので、Gharar －不確実性をもてあそぶ金利ベースの商品の損害保険や、CDS の売買のように保険証券の流通性と、その売買は認められていない。

ドバイで起きた不動産市場の崩壊に伴うドバイショック

2009 年から 2010 年にかけて、中東市場の香港とも称されたドバイで、不動産市場の悪化に伴いドバイショックが発生した。

政府が保有するドバイワールドが、債務の返済の standstill －停止を宣言し、これに同子会社で主要な不動産開発会社のナキールも従った。

この危機は、急速に成長する中東の交易・金融のセンターとされたドバイで発生した危機として、途上国市場に衝撃波をもたらし、とりわけ不動産市場の混乱を招いた。

UAE の中でドバイと、とりわけ関係の深いアブダビが救済の手を差し伸べることとなった。しかし債務のリスケジュール・リストラクチャーの過程で、様々な影響が債権者に及んだ。ナキール社はジュメイラ・ビーチプロジェクトを手掛けており、この建設に関与した工事受注会社は、損害を抱えることとなった。又ドバイで発行されたイスラム式債券ス

クークの処理にも影響は及び、安全度の高いとされたイスラム式金融にも問題が発生した。

2007年から2008年の米国市場のサブ・プライム市場の混乱は、世界各地の実体経済に影響を及ぼしたことから、ドバイでもその余波を受けたことは否めない。

イスラム金融は、underlying asset とのリンケイジが高いが、リンケイジ自体が、不動産市場の高騰のような市場の暴走を止めることはできない。イスラム金融の原理からは、中庸（moderation）が求められる。過大な投資が、債務者の自己資本や流動性との、バランスを著しく失することは、プロジェクトと債務者の資力の不確定さを増し（Gharar）、投機としてギャンブル性（Maysir）を持つことになりかねないと認められる。

ドバイのケースでは、資金調達がイスラム債券（Sukuk）で行われたケースがある。Sukuk は Asset-backed, Asset-based の二種に分かれる。Asset-backed Sukuk は開発プロジェクトなど特定の不動産とひも付きである。一方 Asset-based Sukuk は、発行者の様々な資産と生み出されるキャシュフローを基盤に発行されている。信用度の高さは債務者の資力、不動産の状況などによって、一概にどちらかが安全性が高いとは言えない。このようなケースでの construction process の管理と契約管理は construction contract の当初から、英国の contractor は、中東を含め長い経験から construction management に優れた法律事務所と契約し、対応してきている。

本章の結び

過去の危機からは、次の点が指摘された。

イスラム金融の規制する絶対的な不確実性、賭けに類する投機、度を越した利益の極大化の追求、高レバレッジすなわち自己資本とのバランスを失した投資などが、経済のサイクルとの相乗効果（ミンスキーモーメント）で、伝統的金融市場の危機を招いた。

伝統的金融機関には保守性からの逸脱があり、イスラム世界の金融市

場でも、実物価格の高騰が危機を招いた。高騰する実物を、デリバティブなど様々な手法を駆使して、資産の固定性が高いにも拘わらず、あたかも流動的であるかのように扱っていた。金融危機は招いたが、幸い主要各国当局の弾力的な対応で、局所的な危機にとどまり、世界経済恐慌には至らなかった。このような事象で一歩誤ると、金融危機から世界経済が管理不能になりかねない。金融機関の運営には、流動性とリスクに対応した十分な自己資本の確保など、より慎重な運営の下でのデジタル化の進行する時代への対応が求められている。

　欧米金融機関はレバレッジを上げて、リスクを取り収益極大化を図っている。しかしリスク管理の限界線の見極めは困難である。

参考文献

Profit Maximization in Islamic Banking: Khairul Mukminin: A Restoration of Conception from Maqasid Shariah Perspective

Economic Justice: Fareed F Khoja

Subprime Mortgage Defaults and Credit Default Swaps: Jennie I. Sanders: Derivatives and Islamic Finance: Muhammad Ayub:

Derivatives in Islamic Finance: Syed Aun Raza Rivi & Dr Ahcene Lahsasna: The Need and Mechanisms Available for Islamic Financial Markets

Economic Problems and The Teachings of The Quran: Yusaf Ahmad & Abdul Azim Islah: Financial Crisis and Macroeconomic Impact to the Islamic Economic System: Shinsuke A Theoretical Inquiry: Nagaoka

Global Financial Crisis and Islamic Finance: Alasrag Hussein: Islamic Finance Law, Economics and Finance 5 Derivative-Like Sales: El-Gamal: Salam, Istisna and Urban Islamic Finance Ethics, Concepts, Practice: Framing to Organization Behavior: Kahenman and Tversky

Usman Hayat & Adeel Malik: Islamic Finance in Practice: Derivatives: Empirical Studies and Concluding Thoughts

Islamic Law and Finance: Frank E Vogel and Samuel L. Hays III: C9 Derivatives in Islamic Finance

Intermediate Islamic Finance: Nabil Maghrebi, Abbas Mirakhor, Zamir Iqbal:, Scope of Financial Engineering and Derivatives, Risk Transfer with Credit-Default Swap, Financial Crisis and Debt Financing

An Essay towards Solving a Problem in the Doctrine of Chance communicated by Mr. Price, in a Letter to John Canton, A.M.F.R.S Mr. Bayes, F.R.S

[Dec 23,1763 Provided some rule could be found according to which we ought to estimate the chance that the probability for the happening of an event perfectly unknown, should lie between any two named degrees of probability, antecedently to any experiments made about it; and it appeared to him that the rule must be to support the chance the same that it should lie between any two equidifferent degrees; which, if it were allowed, all the rest might be easily calculated in the common method of proceeding in the doctrine of chance]

(The Royal Society is collaborating with JSTOR to digitize, preserve, and extend access to Philosophical Transactions　(1683-1775))

第 六 章

イスラム金融と
イスラム経済

those important rules of morality are commands and Laws of the Deity, who will finally reward the obedient, and punish transgressors of their duty.

～　～　～

The happiness of mankind as well as all other rational creatures seem to have been the original purpose of intended by the Author of Nature when he brought them into existence. No other end seems worthy of that supreme wisdom and benignity which we necessarily ascribe to him.
（Adam Smith: The Theory of Moral Sentiment p 206 published 1759）

　本章の論点として、イスラム紀の第一ミレニアム（西暦7世紀からの千年紀）の文化、文明において西欧に勝るとも劣らなかったイスラムの経済・政治が、近世において停滞した原因を探りたい。
　イスラム経済・金融は、Normativeな宗教原理をバックボーンとしている。理念先行のイスラム経済・金融は、経済発展の前提として、衡平、正義、善悪、倫理性などを重視した結果、効率的で創造性に富んだ経済・金融の発展を妨げたのであろうか？　金利は、マネーがマネーを生む事象として、イスラム金融では禁止されている。市場によって決まる金利は、弱者を搾取する高金利など市場の行き過ぎが無ければ、最適な資源配分と効率的な経済の実現をもたらす。金利の働きを禁じたことが、経済発展の停滞の原因であろうか？
　キリスト教社会では、金利の働きは中世を経て、肯定的にとらえられてきた。Adam Smithの道徳感情論には、イスラムの金融原理同様に、Normative Theory of Economicsの色彩が濃く感じられる。The Wealth of Nations 国富論は、1776年に出版されているが、その前1759年に道徳感情論－The Moral Sentiments Theoryは出版されている。Smithは生産要素である土地、労働、資本を基礎に、市場での産品の需給により、laissez-faire economic systemにより、商品価格

が決定される理論を築いた。

　産業革命の必要条件、資本蓄積、労働の分業、市場の自由と競争が唱えられている。Invisible hands の考え方だが、道徳感情論では the Author of Nature の存在を背景に、宗教性・道徳性など価値観を、イスラム金融・経済同様に経済論のバックボーンとする。善悪・公平性・倫理性を前提に、経済の効率性、成長などの価値判断が論じられている。価値判断が優先し、不平等への憂慮などがある。自由な市場の働きには神の存在がある。Law of the Deity- 神の法の重視である。

　Normative Economics では、正義、権利、そして税を通した富の配分－福祉などが政府の役割として論じられた。

　Adam Smith の著作には、聖典の民同志の倫理性の重視、イスラムの教えに基づく経済の考え方との共通性がみられる。

　Max Weber は、社会学者として The Protestant Ethic and the Spirit of Capitalism（1905）を発刊している。職業における個人の自立・自己責任 moral value, work ethic, discipline を重視した。資本主義において rationality, efficiency, education, literacy を重要な要素としている。西欧社会のグローバルな発展のために、Enterprise を通じた組織的な通商を重視し、教化・信仰の植民地ネットワークを拡大することを勧めている。重商主義思想のバックボーンとなっている。規範的な経済発展を目指す立場では、Weber の議論は、イスラムの教えと共通点もある。

　全てのプロテスタントの国々が経済発展を遂げたわけではなく、精神性が同一であっても、地理的、資源、政治の安定などそれぞれの国の置かれた状況や文化などによって、経済発展の度合いは異なっていた。

　イスラム金融・経済の強い規範性も経済発展を妨げた主因ではなく、発展の遅れたプロテスタント諸国同様に、別の要因が経済発展を妨げたとの推論もありうる。

　イスラム社会では、リスクを取って利潤の配分を結果として、資金提供者が受け取ることは、Profit & Loss Sharing として肯定されている。イスラム金融取引は、モノの売買、サービス提供などと紐付きで実需原

則が貫かれている。西欧のメインストリームの経済・金融でも、実需原則は一世代前まで長く規範として存在していた。

　イスラム圏の経済は、聖典である Quran と Hadith の教えから、価値観を基礎として語られる。使徒が預かった神の言葉 Quran と使徒の言行による Hadith は、神と人との関係である宗教分野のみならず、人と人、人と共同体社会との関係規範を広くカバーしている。Quran は、法の下に個々人の平等を教え、経済主体とする。

　イスラム経済論は、その初期、当時の社会の慣行など実証的な側面から、Normative な側面のみでなく、実証的な Positive Economics Theory の側面も持って語られたと考えられる。当時の社会に即した最善の教えが、原理・原則として規範を形成したと考えられる。イスラム圏の国家でも今日では、現代の社会に即した、経済運営が総じてなされてきている。

　一方で、聖典の言葉は不変であり、その解釈の変更も困難で、イスラムの Value を中心にした規範経済論 Normative Economics Theory による経済運営が、植民地とされるまでイスラム国家ではなされてきた。一部の国、イランなどでは、今日も復古主義的な経済運営が成されているとして、その有意性を否定する議論も展開されている。

近代経済学における Value and Justice

　1998 年にノーベル経済学賞を受賞した Amartya Sen は、経済的不平等を取り除き、正義の行われる社会システムの達成には、社会的・政治的な自由が必要とした。また平等な初等・中等教育機会の充実した日本が、戦後急速な経済発展した経緯を論じた。インドでの文盲率の改善に、教育制度の充実と普及が必要と論じている。貧困からの脱却は経済成長によるが、その前提条件の整備を訴えている。

　神の下の平等・社会正義の達成を教理とするイスラムの教えは、インド・パキスタン・バングラデッシュなどモスリム人口の多い諸国に根付いている。貧困からの脱却を目指す、アジアの途上国の経済成長には、

その倫理性の維持とともに実証的な経済論の導入が必要条件とみられる。

イスラムの基本理念

　宗教的・規範的要因が経済発展を妨げたのではないとみられるとしても、経済発展とイスラムの教えの関係を見るうえで、もう一度イスラムの価値観をレビューしておきたい。

　イスラムの教えによる経済原則の根幹には、以下の概念がある。
Tawheed: Only One Creator の信仰、人類の unity の源泉
Nubbowah: Continuous Chain of Human Order 創造者からの信託
Maad: Collective and Individual Accountability　集団・個人の説明責任
Khalifa: Agent Trustee relationship by Creator 人は、神の代理人

Quran　2-30　al-Baqarah　Heifer　雌牛
　　When your Lord said to the angels, "I am placing a successor on earth." They said, "Will You place in it someone who will cause corruption in it and shed blood, while we declare Your praises and sanctify You?" He said, "I know what you do not know."
　神は、天使たちに、地上に継承者を置くと告げた。天使たちは、神よ、あなたを褒め称え神聖化するこのときに、地上の者達の中に腐敗行為を働く者や、流血を引き起こす者を、継承者として配しようとするのですかと尋ねた。神は、お前たちの知らないことを、自分は知っていると応じた。
　−コーランの此の節により、人は神の代理人として地上にあるとされる。神の代理人である人同士の平等の観念が、支配することとなる。

Unity of Human Kind: 人類の結びつき

Quran　7-172　al-A'raf　The Elevations　胸壁

And when Your Lord summoned the descendants of Adam, and made them testify about themselves. "Am I not your Lord?" They said, "Yes, we testify." Thus, you cannot say on the Day of Resurrection, "We were unaware of this."

汝たちの主は、アダムの子孫たちを召喚し、自分たちについて証言させた。この私こそ汝らの主ではないか？　彼らは、その通りと証言した。汝らの復活の時、このことを知らぬとは言えない。

－人を支配するのは、神のみと教える。

Golden Mean:　中庸

　　Quran 2-143　al-Baqarah　The Heifer　雌牛

Thus We made you a moderate community, that you may be witnesses to humanity, and that the Messenger may be a witness to you.　主たる私は、汝らの中庸を得た共同体を成した。そこでは汝たちは人間性の証人となる。使徒は汝らの証人となる。

天国への神の階段を昇るもの、滅ぼされるもの

　　Quran 70　al-Ma'arij　Ways of Ascent　階段
　　3　From Allah, Lord of the Ways of Ascent.
　　4　Unto Him the angels and the Spirit ascend on a Day the duration of which is fifty thousand years.
　　～
　　18　And accumulated and hoarded

天国への階段は神への道、天使たちと聖霊（ジブリール）は１日（人の世の５万年）で昇る。財産をため込み、それを退蔵する者は滅びにいたる。（人の時間と天使、聖霊の時間差は、あたかも宇宙の時間旅行のため）

Quran 7 al-A'raf The Elevations 階段
96. Had the people of the towns believed and turned righteous, We would have opened for them the blessings of heaven and the earth; but they rejected the truth, so We seized them by what they were doing.

神を信じ、正しく変わった者には天国と地上で祝福し、真理を拒んだ者は、彼らの行いにより、神は彼らを捕らえた。

以下 Quran の英語訳は添付しないが、その章と節を列挙する。
3-104 Ali Imran アーリイムラン家
　全員一団となって正義を求めると福と禄（富と地位）を得る
3-114 神と善を勧め、悪を抑止し、義を共にする
9-71 al-Tawbah The Repentance 改悛
　善事を勧め、悪を抑え、礼拝し、喜捨を出し、アラーの教えを守れば、神の恵みが与えられる。
7-94～100 al-araf The Heights 胸壁
　神は邑々に警告として災厄を与え、そして預言者を送る。預言者の言葉を信じず、神を畏れぬ業を続ければ、その邑々に住民が、眠っているときや、日中遊んでいるときに滅ぼす。神の教えを信じぬ者は滅ぼされる。

イスラムにおける正義・衡平などの重要な概念の英語表現

Fairness, Put Things in the Right Place, Equality, Balance, Temperance, Moderation-Golden Mean

イスラムにおける富
資産（Property）
　1. 神の所有物である。
　2. 全人類に委譲されている。

3. 人は等しくアクセスできる。
4. 労働と原資を投入して利用が可能である。
5. 資産の移転には正当な移転であることが必要、資産の利用にあたっては義務を伴う。
6. 不変性、永遠性がある。

イスラム哲学・経済学の発展

　西欧の経済学は西暦 500 年－1500 年の間、Summa Theologica を表した Tomas Aquinas などを例外として、学問の低迷期にあったとされる。一方でイスラム社会では、活発な学術論が展開されたとイスラム経済史学者 Abraham L. Udovitch は報告している。Al-Farabi, Avicenna, Averroes, Al-Ghazali などによる、税制、市場規制、高利禁止、賃金論、価格論、分業論、貨幣論などは、イスラム暦初期（hijara ヒジュラー聖遷以降）の 250 年間の顕著な業績とする。

　History of Islamic Economic Thought 2010 の著者 Muhammad N. Siddiqi は、Mecca から Medina への hijara（聖遷）から 1058 年までの間 Abu Yusuf など Sufism の法学者、哲学者が maslaha vs mafsada（utility vs disutility), altruism（利他主義）などを展開したとする。1058 年から 1446 年の西欧の低迷期に Hamad al-Ghazali の個人の basic needs 論、Taquiddin Ibn Taymiyah の社会道徳を基礎とした治者と法、fair price 論、Ibn Khaldun の文明の興亡論、分業労働論、通商と成長論など活発な議論が交わされていたとする。

　ムスリム学者として Ibn Sina（1037 年没）、Ibn Rushd（1198 年没）などは、西欧文明発展にも貢献した大学者である。

Ibn Sina（980-1037）

　イブン・スイーナーは、ペルシャ、サーマーン朝期に活躍、イスラム世界最高の知識人と評される。西欧には、Avicenna としても知られ医学、科学（天文学・化学・物理）・哲学（神秘主義－ the Sufism）など

で西欧に影響を及ぼした。

　Kitab al-Shifa（The Book of Healing）は、アリストテレス（形而上学）・プラトンの哲学を、イスラムの見地から再構成している。

　Al-Qanun fi al-Tibb（The Canon of Medicine）は、医学・医学倫理の百科事典として、イスラム世界・西欧で長年利用された。

Ibn Rushd（1126-1198）

　Averros と西欧では称される。イブン・ルシュドは、スペイン・アンダルシアのコルドバで誕生した。神学者・哲学者・医師・イスラム法学者（faqih）で、アリストテレスのコメンタリーを出版している。ラテン世界では The Commentator と尊敬された。

　哲学と神学の関係、特にその相互の影響に着目している。神学のテキストは、形而上学的に解釈されるべきとした。神学テキストが理性と矛盾すると考えられるときに、哲学が宗教的な真実の理解を深めるとしている。

　ルシュドの著作はラテン語・ヘブライ語に翻訳され、中世の西欧でアヴェロイズムと称された。ルシュドはイスラムの黄金期の象徴的な存在である。上記のように、イスラム暦の最初の千年紀（ミレニアム）は、その文明・精神文化において、当時の西欧に比して進んでいたとみられる。

　オットマン帝国は、1299年から1922年の崩壊まで、大帝国を築いた。現在のイランなどを領域とするペルシャ帝国は、紀元前からの歴史を有し、20世紀のイスラム共和国まで王制が続いた。スペインでは8世紀から1492年に完遂する Reconquista までのイスラム文化の歴史が象徴的である。

　イスラム教成立後のイスラム圏の拡大は著しかった。地中海の南岸・小アジア・口東圏で、科学・哲学に先進的であったイスラム文明と文化を築いていた。イスラム社会はシルクロードを通じて、中央アジア経由中国と交流した。

　世襲 Caliph が支配したウマイヤ朝（661-750）に代り、バグダッドに首都を置いたアッバス朝（750-1258）の時代には、ペルシャ（波斯）

第六章　イスラム金融とイスラム経済　　**175**

人とアラブ（大食）人などが、唐（617-908）と活発な交流をし、製紙と印刷技術が伝わる。

元のフビライ・カン Qubilai Qa'an（在位1260-1294）の天文観測所では、イスラム学者が観測に従事していたとも伝わるなど、国際性に富んでいた中国とイスラム圏の交流から、イスラム圏は様々な科学技術を早期から取り入れ、その文明が発展していた。

唐代は、ゾロアスター、マニ、ネストリウスなど異教徒との交流が許されていた。又、元において主流であったラマ教以外の宗教にも寛容であったとみられる。

マルコ・ポーロは、Qubilai に仕えたとされるが、西欧と元の関係から、マルコ・ポーロは例外的な存在とみられる。

イスラム圏経済の発展の遅れとその要因

近世に至り、ルネサンスを経て西欧の様々な科学的発明・発見に支えられた西欧文明・経済に比し、イスラム圏は後れを取った。英仏などに分割支配され、植民地となる歴史をたどった。植民地となる要因に、経済発展の遅れがあり、それには様々な要因が考えられる。

米国デューク大学の著名な研究者、トルコ出身 Timur Kuran 教授は、The Long Divergence - How Islamic Law Held Back the Middle East（2011）の著作で、その大きな原因として2点を指摘する。

1) 遺産相続法制と 2) 法人の設立法制の不備

イスラム社会では、資本の蓄積がなされず分散したこと、Max Weber が述べた Enterprise- 法人格を持った永続性のある企業の成立とその活動の遅れなどを指摘している。同氏の調査・論考からイスラム経済の発展の遅れの一因をたどりたい。

イスラム経済の停滞と欧米植民地主義との違い

　近世におけるイスラム経済の停滞には、様々な要素が考えられる。近世の西欧では、重商主義の思想が主流となった。富は、土地と金・銀などの貴金属と考えられ、この蓄積が国家を富ませ、国民を豊かにするという思想であり、主流の思想として力を持った。西欧各国が植民地獲得競争の勝利者を目指す、ゼロサムゲーム思想である。

　重商主義の下、布教とセットとして金・銀の産出地である植民地獲得、労働力としての奴隷の獲得、通商を独占するための戦争に、西欧諸国は邁進した。植民地の原住民の奴隷としての獲得と、その売買は通商の一つの柱であった。前提に富は限られるという認識がある。
以下の Quran の預言では、神は尽きない富を人に用意しているとする。ここからは植民地主義は不要となる。

Quran
　7　Al-A'raf　Wall　壁
　10 "And We have certainly established you upon the earth and made for you therein ways of livelihood. Little are you grateful."
　14　Ibrahim　Abraham　アブラハム
　32-34 "It is Allah who created the heavens and the earth and sent down rain from the sky and produced thereby some fruits as provision for you and subjected for you the ships to sail through the sea by His command and subjected for you the rivers. And He subjected for you the sun and the moon, continuous in orbit, and subjected for you the night and the day. And He gave you from all you asked of Him. And if you should count the favor of Allah, you could not enumerate them. Indeed, mankind is [generally] most unjust

and ungrateful."

 －カイロの **Geniza** 文書（High Middle Age 969-1250）は、ヘブライ語で記されており、膨大な資料をドイツ系ユダヤ人学者 **Shelmo D Goitein** は、英語に翻訳している。（著書 A Mediterranean Society）
 カイロにおけるユダヤ人の生活の様々な記録が整理され伝わることとなった。同書によれば使徒の娘ファーティマとアリを祖とするシーア派の王朝 Fatimid Caliphate は、エジプトを支配下に置き、973-1171 年の間カイロを首都とした。この間のエジプトに居住したユダヤ人の日常生活の膨大な記録から、シーア派アラブ人の日常が浮かんできている。
 Goitein によれば、Fatimid Caliphate はエジプトからさらに北アフリカの地中海岸を西のモロッコ迄勢力を伸長する。この間、奴隷と金や他の宝物を求め急速に豊かになり力を付けたとする。（p30 Historical Survey）この過程を北アメリカとその勃興期の経済が目立って似ているとする。
 しかし、同書から西欧の植民地での奴隷とイスラム社会とで決定的に違うとみられるのは、獲得した奴隷の日常である。同書には奴隷階層は、the boy と呼ばれる奴隷階層や Freedmen は主任執事や、主人の事業代理人として事実上、彼らの使用主である富裕商人と同一階層とみられた。（P78 the Working People）
 支配層は同一階層の人は信用せず、boy 或いは girl と称される奴隷階層を頼り、身の回りを固めたとされる。奴隷の男子を得ることは息子を生まれることと同様に喜ばしいことだったとされる。又息子同様に奴隷は尽くしたとされる。（p132 Slaves）
 北米や南アフリカで見られた人種差別と結びついた奴隷と主人の関係とは異なっていた。北米での奴隷階層の単純労働者としての役割と決定的に違っていたとみられる。人種的な近縁性が生んだ結果であろうか？
 上記は、人は神の下で皆平等というイスラム思想の影響ともみられる。イスラムの勢力が地域的に拡大して行く中での奴隷獲得であった。
 債務の不払いによる奴隷化は、イスラム成立以前の中東でも認められ

た。このことは同一人種間での奴隷化とみられる。奴隷の売買もあった。イスラム体制で奴隷制度自体が、制度として廃止されたわけではない。

神の下では、すべての人は平等とされる。王族も、また奴隷でも神の下、平等とする思想が厳然としてある。奴隷の扱いについては、Quran に詳しく述べられ、不当な扱いは許されていない。

西欧経済の発展には、産業革命を支えた科学技術の発展が強力なバックボーンとしてあるが、同時に奴隷と植民地での強制労働の役割を抜きにして、近世の欧米経済の発展は語れない。重要な生産要素、労働を奴隷から得るだけでなく、売買の対象として奴隷を獲得し、奴隷貿易の拡大を勧めたことは、帝国主義下の欧米の経済発展にきわめて重要な要素であったと言える。

キリスト教国家でも、神の下の人の平等は唱えられているが、教会の存在と異教徒・異人種への対応には、イスラム社会と決定的な違いがあったとみられる。イスラムでは人種は問わず、神の下での平等は守られ、異教徒であっても寛容に受け入れられていた歴史がある。またイスラム教世界には教会は存在せず、ヒエラルキーの上位に位置し、布教を通じ植民地化を手助けする教会のような存在もなかった。イスラム教徒の集まる Mosque(Masjid)や、教育機関としての Madrasa はあるが、政治的な支配機関となることはなかった。

イスラム教では、神と人の間に教会の存在を必要としていない。キリスト教世界からの植民地支配に、教会は重要な役割を果たしたが、イスラム教世界とは異なっていた。People of the Book(ahl al-kitab)－聖典の民の中、イスラムの支配下で、(jizya 異教徒への税が課されたが)自由な宗教選択が許された。キリスト教・プロテスタンティズムの支配する世界では、異教徒を奴隷として、強制的に獲得することが国富増大の手段として、認められていた。

イスラム暦の初期、使徒の死後、イスラム共同体の合議によって Caliph が選出された時代 - 正統 caliph 時代とされる the Rashidun Caliphate(632-661 CE)、世襲による Caliph が支配したウマイヤ朝－ the Umayyad Caliphate(661-750 CE)の時代、イスラム世界は

急速に拡大するが、実力をもってした通商ルートの維持、イスラム教自体の魅力からの教徒の増加を伴っていた。
　イスラム教国家の拡大と教徒の増加は、西欧帝国主義国家の植民地獲得・布教という近世のキリスト教世界の発展史（奴隷の捕獲・売買を伴なった歴史）とは様相が異なる。
　欧米諸国同様に帝国主義時代の日本は、国富増大のための植民地を求めた。台湾、朝鮮半島、満州、モンゴル地域、さらには東南アジア全域などを支配下に置いた。現地では社会資本の投下、教育の充実などが行われていた。当時の植民地からの労働力の徴用、売春制度などへの批判は今も残る。日本出身者と同様に、経済的理由から特殊な職業に従事せざるを得なかった、生活に困窮した人達はいたとみられる。帝国主義国家が主導する当時の世界で、同様な行動を帝国日本がとったに過ぎないとしても、これらの労働に強制性があったとすれば、帝国日本の行動は是認できない。
　同文同種という思想背景があったとも思えるが、奴隷のように商品として現地住民を扱ったのでなく、大日本帝国民として教育する現地住民の取扱いだったと思える。西欧の帝国主義下での現地住民の取扱いとは決定的に違う。文盲を失くす初等教育の充実などに、力を注いだ事に、その趣意が現れている。
　神仏の下での平等は、人種を越えて、仏教・イスラム教に顕著である。これに対してキリスト教世界でも、人は神の下に平等とされているが、アフリカ人は奴隷として、アメリカ大陸方面に英国商人などにより‘輸出’された商品であった。神の下に平等な‘人’としてアフリカ原住民は扱われていなかったことに、神と人の間の教会の許しがあったと思われる。このような犠牲も、米国・大英帝国の興隆・発展の一因であった。米国南部の綿花経済は、奴隷労働に依存した。英国は、アフリカからの奴隷貿易で、莫大な利益を得ていた。奴隷労働と奴隷売買からの利益にも依存した、帝国主義国家の経済発展があった。
　西欧のような重商主義・植民地主義・帝国主義思想の下での、戦争行為による経済発展の思想は、イスラム圏の拡大が一段落した近世のイス

ラム圏では、乏しかったのではないかとみられる。聖典からは、神は、人間に必要十分な資源を用意しているとされる。重商主義思想のようにゼロサムゲームで、他国の富・資源や労働力を奪取して、自国の富を蓄積する必要があるとは、一定の発展を遂げたイスラム教国家では、考えられていなかったと推察する。

イスラムから見た奴隷と労働

　イスラム以前、債務不履行による奴隷化が、アラブ社会でも奴隷の存在した主因であり、恒常的にみられていた。Quran, Hadis でも、奴隷制自体を禁止していないが、様々な歯止めが示されている。

　債務不履行により、奴隷となる人が生じて奴隷売買が行われると、人の階層化が起こる。神のもとの平等を唱えるイスラム教理に反することとなる。平等な人間の尊厳を重んじるイスラム教では、奴隷とすることは避けるべきとする。金融取引における公正さを重視するイスラムの教えは、高金利で人を債務不履行に追い込み奴隷化するのは神の意思に反するとされる。債権者には寛大さが求められ、搾取的な行為は禁じられる。

Quran　2-280 al-Baqarah Heifer　雌牛
And if someone is in hardship, then let there be postponement until a time of ease.
　債務返済は、債務者の状況改善まで待つべきとする。

Quran　90-13 al-Balad The City　邑
　And what can make you know what is breaking through the difficult pass? It is the freeing of a slave.
　善と悪の二つの道、善の道はつらく困難な道で厳しい。善をなす困難な道の一つは奴隷を解放すること。

Quran 4-36 al-Nisa Woman

Worship Allah and associate nothing with Him, and parents do good, and to relatives, orphans, the needy, the near neighbor, the neighbor farther away, the companion at your side, the traveler, and whom your right hands possess (slaves).

アッラーを崇めよ。アッラー以外には、何の崇める神はない。両親、親戚、孤児、貧しきもの、隣人、使徒の伴、そして汝が右手に所有する者（奴隷）に良きことを行え。

4-25

And whoever among you cannot find means to marry free, believing women, then he may marry from those whom your right hands possess of believing slave girls. So marry them with the permission of their people and give them their due compensation according to what is acceptable.

汝たちの誰でも自由に結婚できることはない。神を信ずる奴隷であれば結婚してもよい。その家族たちの許可を得て、しかるべき支払いをせよ。

Quran 24-33 al-Nur The light 光

And those who seek a contract for eventual emancipation from whom your right hands possess, make a contract with them if you know there is within them goodness and give them from the wealth of Allah which He has given to you.

But force not your slave girls to prostitution when they desire chastity, in order that you may make a gain in the goods of this life.

汝らの奴隷の女たちが貞操を強く望むなら、売春を強いてはならない。汝の今生で善き結果を得るために。

汝らの奴隷で善きものがいて、結末に解放の契約をのぞむなら、神が汝に与えた富を奴隷に分け与え、契約を結べ。

サラディン

　イスラムから見た最大の戦禍は、イスラムの聖地でもあるエルサレムの支配権奪還を目指す、十字軍の度重なる侵攻であったと考えられる。十字軍との戦いは、侵攻者の撃退のための戦いでもあった。近世では、西欧による植民地化への抵抗運動もあった。イスラム側のアイユーブ朝創始者スルタンのサラディン（Yūsuf ibn Ayyūb ibn Shādhī）の敵捕虜にたいする寛容さと、その出処進退が尊敬され、様々な逸話が残る。西欧の騎士道の範となったとされる。

イスラム経済の停滞

　15世紀以降、西欧各国は、南北新大陸を発見して植民地化し、富を蓄積して行く。この過程で、イスラム圏の経済力は西欧圏に劣後することとなった。イスラム国家が、重商主義政策・植民地政策を近世では顕著に取らなかったことが、遅れの一因ともいえる。

　イスラム経済の停滞の主たる原因について、前述のように米国デューク大学教授 Timur Kuran（トルコ出身）は、1) 遺産相続法制と 2) 法人の設立法制の不備を挙げている。詳しく見てゆきたい。

1) 遺産相続

　近世の経済発展には、富の集積による様々な事業への大規模な投資が、必要とされた。イスラム圏には大商人は出現したが、蓄積された先代の富は、次代には分散し集積されなかったとしている。

　遺産相続は、Quran と Hadith により制定された神の法に従うこととなる。Quran の 4 章　Al Nisa の各節 11, 12, 176 に詳しく規定されている。

　主な原則に次の通りとなっている。

　　ⅰ）一人の相続は遺産の 1/3 が限度

ⅱ）遺留分は、子供、配偶者、両親、兄弟の両性にある。
　ⅲ）女性は同クラスの相続人の半分とする。

　上記から4人の妻とその子の存在を考えると、膨大な数の相続人が登場する。遺産が資本として集積するのは難しくなる。

　7世紀の世界の西欧、日本でも、女性の相続権は基本的に存在しなかった。イスラム経済圏－メッカでは、イスラム以前から女性の相続が認められていたと思える。使徒の最初の妻ハディージャ（Khadija bint Khuwailid）は、二人の夫を持って、遺産相続を受けた裕福な商人だったとされている。ハディージャは、使徒の活動を助け、最初の信徒となったとされる。今日のイスラム女性の印象と異なる。使徒の最も忠実なコンパニオンで、初代カリフ（Khalifa）となったAbu Bakrの娘アーイシャ（Aisha bint Abi Bakr）は、使徒の最愛の妻（三番目）として、様々な逸話が残る。当時のイスラム共同体での、女性の地位の高さがうかがえる。一方で地域によって、女性の相続が辞退される慣習もあったとされる。

　相続人の多さは、一つには遺産は、動産を中心としていたため分割しやすかったことが指摘されている。オットマン帝国では、1、2世代の相続で、遺産は散逸していたと言われる。イラン、アラブ社会で、貴族としての身分・財産を子孫に継続するのは困難だった。軍幹部にも例外はなかったとされる。

　Shelomo Goiteinは、遊牧民社会（Nomad）の主たる遺産は、動産、家畜、貴金属とする。

　一方農業社会では、大土地が遺産となり英国のように長子に相続され、産業用地として利用が可能となり、産業革命が導かれた。

　イスラム社会の相続においては、複数夫人の下で、相続人同士全く交流のない未知の関係もあり、遺産を集積し事業を継承するのは難しかった。

　シリア・イラクなどのイスラム社会では、国家権力が大規模な灌漑システムの構築を主導し、土地は平等に相続されたとする。

　エジプト・バビロン・アッシリアなどは平等な相続法規があったとす

る。

　Quran には遺産分割の規定はあるが、現代の相続法のように分割の期限の規定がなく、分割は先延ばしされていたとも言われる。

　国家の所有する土地の分割はされず、リース権の対象となっていた。資産の散逸を畏れる富裕層は、waqf（一種の財団）を設立し、寄贈を行うこともあったが、waqf の目的制限もあり、設立のコストもかかり、資本の集積対象とはならなかったとされている。

　キリスト教会法では、相続に関する規定は存在していない。17世紀の英・仏・オーストリア・スカンディナビアでは長子相続が一般的だったとされる。富裕層の相続例としては、長男に土地、弟に法人、娘には持参金を分配するのが一般的だった。

　英国では、動産は妻に 1/3、残りは子女に平等に与えることが慣行とされた。

2）　法人の設立

　キリスト教社会では、法人が事業を展開するシステムができた。中世のメディチ家の銀行は、フローレンスをハブにして各地にスポークを設置し、銀行業を展開した。

　また Max Weber が述べたように Enterprise の働きは顕著であった。英国やオランダの国策の勅許会社が設立された。英国のレバント・カンパニー（1581 年）、英蘭両国のそれぞれの東インド会社（1600、1602 年設立）など、通商と植民地政策を担った法人が名高い。レバント・カンパニーは 1581 年には 20 名の株主、100 年後株主は 200 名となり、豊富な資金を持った。オランダの東インド会社は、数社の Trading Companies の合併で成立し、政府からは、オランダのアジア地域植民地で、21 年間の独占活動権限を与えられた。これには軍事権限があり、戦争の開始と交戦権限、逮捕留置権、処罰権、条約交渉権、通貨発行権と植民地設営権を含んでいた。西欧経済の発展は、通商と植民地に拠ったが、それには国策の特許会社が、重要な役割を担った。

　Quran には、法人格を持って、期限を定めずに活動する通商などの

組織に関する概念や、政府から独立した軍事権限を持つ合資会社などについての章・節は存在しない。法人格を持たない社団・財団は存在する。

ⅰ）Waqf

　Waqf は、法人格を持って商業活動を行う組織に発展する可能性はあり得たともみられる。しかしイスラム社会の waqf は、寄付を基金として活用し、公益活動を行う団体としての淵源があり、商業活動を行う法人とは、その沿革が異なる。

　現在に至るまで、waqf は、当初の性格が変更されることは許されず、東インド会社やレバント・カンパニーのような発展は望めなかった。現在でも法人格は持っていないとされる。中世では、多くの公共サービスを担った。Ibn Battuta の旅行記に現れる隊商宿でもあるキャラバン・サライ（caravan serai）などは、waqf として運営されていた。

　waqf は、単独の創設者の意思により設立され、その使命は変更不可である。モスク（Mosque）の設立に等しいとされる。寄贈者の敬神の思い、尊厳のために設立される。イスラムの高等教育機関 madrassas もまた、創設者の意思で設立された。

　イスラム経済は、植民地主義によって立ったとは言い難い。大資本の蓄積と恒久的な生命を持つ法人に、社会に蓄積された資本を投入する体制はなく、その経済力は西欧社会に劣後していった。

イスラム思想に基づく規範的経済

　イスラム金融政策の主目的：Muhammad Zaki Shafi は公平と正義をその達成目標とする。Abu Bakr ash-Siddiq（579-634）は、使徒のコンパニオンであり、使徒の昇天後イスラム共同体が選んだ最初の Caliph であった。Caliph は使徒の代理人の意味を持つ。イスラム共同体の最高指導者である。Abu Bakr は、その収入のほとんどを、共同体に再配分し、死後に残した財産は、1 Dirham のみであったとされる。（当時の交換比率　1 Dirham ＝金 2.97 グラム＝ 7/10 Dinar とされる。

1 Dinar は金 4.25 グラム）1 Dirham は、3 万円強に過ぎない。富を分散し、福祉への強いこだわりを持った初代正統 Caliph とされるアッバス朝（750-1258）では、決済手段として"suftaja" or "hawala"と呼ばれる Promissory notes の印刷が行われている。紙の製造技術は唐・宋時代の中国から導入されている。アッバス朝の Caliph al-Mansur（754-775）は価格統制下、堅実財政を行い、国庫には多額の Dirham を蓄え、6 億から 8.1 億銀 Dirham があったとも伝わる。

　オットマン帝国（トルコ 1300-1924）では、アッバス朝と同様な財政運営がなされ。インフレ圧力もあり、支出の効率化が図られていたとされる。同帝国での金と銀との交換比率は金 1：銀 15 とされていた。（因みに日本の江戸時代の比価は金 1：銀 5 であり、銀の価値が海外価格比高かった。米国駐日公使ハリス（駐日 1859 ～ 1862）は、当時の海外金銀比価 1：15 を利用し、廉価の外国銀を持ち込み大量の金を日本で購入し、海外で銀に交換し膨大な個人的利益を挙げたと伝わる。アッバス朝の金銀の比価が生きていた。こういった行為による金の大量流出を食い止めるため、徳川幕府は金の改鋳を行った。しかし経済的混乱を招き、幕府滅亡の経済的な要因となったといわれる。

Abu Bakr の時代の House of Wealth（Baitul Mal）の財政
財政収入

Zakat	生活維持に有余の遊休資産対象宗教税 2.5%/ 年間
Kharaj	Land tax
Sadaqah	寄付金
Jizyah	外国人への人頭税
Fay and Ghanimah	戦争でなく占有することとなった国有地
Kums（booty）	戦利品への税
Usher（Tithe）	農産物税　典型は 1/10 税　土地保有者が支払う

財政支出対象政策
貧者や困窮者への給付

教育費用・インフラの敷設・維持・健康医療などへの支援
家計債務返済援助
経済発展施策
富の再配分
貧困削減・福祉・衡平実現

イスラム金融の効率性と伝統金融の代替可能性

　1994 年 Sorab Bahdad は、Ayatollah Khomeini の統治するイランでの経済革命に対し、Comparative Studies in Society and History に掲載された論文で、以下のようにイスラム経済の導入は、現実的で有効な現在の経済システムの代替とはなりえないと述べている。

　'Islamic Economics, it had become evident that it could not offer a practical and effective alternative to existing economic systems'

　現在の中東諸国の経済体制は、イスラム思想を尊重しつつ、資本主義と国家が指導する統制経済との混合経済体制にあると考えられる。イスラム諸国の経済は、その運営体制、主要産業など一様でなく、比較するのは困難である。湾岸諸国、マレーシア・インドネシアなどについては、IMF の近年のカントリーレポートがある。

　中東の産油国の財政・福祉政策などについて、主に見てゆきたい。同地域の経済は、石油・天然ガスなどの一次資源に依存している。富の蓄積は偏ってはいるが、国民の福祉は豊かな財政により保証されている。UAE のように、外国の富裕層を集めて不動産業などで発展している国家もある。

　湾岸諸国のほとんどは天然資源が豊富であり、国民には福祉政策が行き届いている。

　一方で、2011 年チュニジアで始まった「アラブの春」とされる民主化運動で、政権が交代、憲法改正がなされた国家は、湾岸諸国と異なり、国家財政が豊かとは言えず、国民には不満が蓄積されていたとみられる。

憲法改正：モロッコ、ヨルダン
政権交代：チュニジア、リビア、エジプト、イエメン

イスラム諸国の経済

－湾岸諸国の福祉政策と富の再配分
　下表は各国の担当部局のHPより作成
　税による再配分は殆ど行われていない。

	個人所得税	VAT
Bahrain	無税	10%
Kuwait	無税	議論中　無税
Oman	無税	5%
Qatar	無税	計画中
Saudi Arabia	無税	15%
United Arab Emirates	無税	5%

原油・LNGなどの鉱物資源をもとに、財政には余裕がある。

	法人税	Zakat	その他
Saudi Arabia	20%　石油税	2.5%　個人	たばこ他
UAE	無税　石油税		同上
Kuwait	15%　石油税	1%　法人	同上
Qatar	10%　石油税	有り	同上
Iran	25%　石油税	有り	同上
Iraq	15%　石油税		同上

年金制度	有資格	積立%／給与	対象年金	支給開始
Bahrain	国民＋ GCC国民	雇用者 12 被雇用者 7	退職・障害 寡婦・寡夫	男　60 女　55
Kuwait	国民＋ GCC国民	雇用者 12 被雇用者 7.5	退職・障害 寡婦・寡夫	男　55 女　50
Oman	国民＋ GCC国民	雇用者 10.5 被雇用者 7	退職・障害 寡婦・寡夫	男　60 女　55
Qatar	国民＋ GCC国民	雇用者 10 被雇用者 5	退職・障害 寡婦・寡夫	男　60 女　55

Saudi	国民＋ GCC 国民	雇用者 9 被雇用者 9	退職・障害 寡婦・寡夫	男　60 女　55
UAE	国民＋ GCC 国民	雇用者 12.5 被雇用者 5	退職・障害 寡婦・寡夫	男　60 女　60

収入と資産の GINI 指数

　初代正統カリフ Abu Bakr は、収入を寄付・再配分に回し、その死後、遺産は残さなかったと伝わる。

収入と資産の Disparity 状況

　－各国とも層別人口の総人口比の割合は以下とする
　最上位層人口 10%／総人口　　低収入層人口 50%／総人口
　中間層人口　 40%／総人口

各層別収入シェア

イスラム諸国
サウジアラビア　最上位層　　収入 55%　　資産 77.8%
　　　　　　　　低収入層　　　　 10%　　　　 2%
　　　　　　　　中間層　　　　　 35%　　　　20.2%
トルコ　　　　　最上位層　　収入　2%　　資産 60.7%
　　　　　　　　低収入層　　　　 24%　　　　 8.5%
　　　　　　　　中間層　　　　　 44%　　　　30.8%
イラン　　　　　最上位層　　収入 38%　　資産 68.2%
　　　　　　　　低収入層　　　　 20%　　　　 3.5%
　　　　　　　　中間層　　　収入 42%　　資産 28.3%
エジプト　　　　最上位層　　収入 34%　　資産 61%
　　　　　　　　低収入層　　　　 23%　　　　 6.4%
　　　　　　　　中間層　　　　　 43%　　　　32.6%
インドネシア　　最上位層　　収入 45%　　資産 74.4%
　　　　　　　　低収入層　　　　 17%　　　　 3.6%

| | | 中間層 | | 38% | | 22% |

　本係数ではイスラム諸国でサウジの収入・資産格差が大きく、トルコは最も格差が低くなっている。

OECD 諸国

米国	最上位層	収入	48.6%	資産	70%
	低収入層		12.5%		1.5%
	中間層		39%		28.5%
日本	最上位層	収入	42%	資産	48.1%
	低収入層		14%		2.4%
	中間層		44%		49.5%
ドイツ	最上位層	収入	31%	資産	59.5%
	低収入層		18%		1.3%
	中間層		51%		38.9%
フランス	最上位層	収入	32.7%	資産	53.9%
	低収入層		20.1%		4%
	中間層		47.2%		42.1%

　注記　OECD 諸国は、Income Distribution, GINI Index の data が充実している。OECD Income Distribution Database OECD. stat database. non-OECD Countries は、World Bank GINI Index WID World Inequality Data Base Credit Suisse Global Wealth Report などからの調整

　本係数は、アメリカの収入格差が大きく、日本もそれに次いで大きい。しかし日本の資産格差はそれほど大きくない。相続法制による富の再配分、所得税制、社会保障制度による結果とみられる。

　フランス・ドイツは中間層が広く分布している。

　令和5年8月23日厚生労働省政策統括官付立案・評価担当参事官室プンスリリース

　当初所得から税・社会保険料を差し引き、社会保険給付
　（公的年金、医療・介護・保育の現物給付を含め）を加算

所得の GINI 計数は 0.381、平成 11 年調査以降 0.38 前後と横ばい再

配分前の GINI 計数は 0.570

　再配分 GINI 指数では、アメリカ、トルコ、メキシコ、中米諸国が高く、日本は中位にあり、北欧諸国より高い。

　イスラム圏諸国では、富の不均衡が大きい反面、税制、社会保障で湾岸諸国のような資源国家は、総じて国民が保護されている。

　日本社会は階層化が、バブルとその崩壊を通じ徐々に進んだ。しかし社会の安定が壊れるところには至っていない。供給サイドからの、円安などによるインフレの進行に賃金上昇が追い付いていないことから、今後社会の安定・均衡が崩れる恐れは残る。
インフレ進行に実質賃金が追い付かない

本章の結論

　イスラム経済と金融は、使徒の教えに基づく、規範的な金融・経済として語られてきた。

　イスラム諸国民はコーカサスから中央アジア諸国を経て、中国に至る陸のシルクロードを利用し、隊商がキャラバンで、交易を行っていた。東西の文化・文明の交流の担い手でもあった。

　海上では、地中海から湾岸、アフリカ、インド、インドネシアなどの東南アジア迄のイスラム勢力圏を、中国の発明した羅針盤を使い、ダウ船を駆使して海上を行き交っていた。海のシルクロードとも言われ、中国の寧波まで連絡していた。海上交易に利用されたダウ船は、風力を利用したもので、動力機関によるものでなかった。やがて西欧の科学技術の進展による蒸気機関の船舶への利用には、取り残されていった。

　これらの交易には、多大な投資が必要だった。－ダウ船の建造、海上交易、陸上の長距離輸送とキャラバン・サライ利用の長旅であり、リスクを伴う融資・投資家の存在が必要とされていた。交易から膨大な利益を挙げた、商人の存在があったと伝わる。事業を担う Enterprise は英仏のような国策会社でなかった。合資組合はあっても、実力をもった植民地獲得・奴隷貿易の意思は、イスラム商人にはなかったとみられる。

　大規模な荘園を基礎として、農奴と異民族の奴隷を獲得し、経済力を

蓄積した西欧は、科学技術を発展させた。

　西欧は、産業革命以前は農業社会のため、土地は分割されず、相続制度により資産が集中され、大規模投資を可能とした。商業中心のイスラム社会では、富が簡単に分割・分散された。イスラム圏では、Max Weber の提唱する Enterprise として、永続可能な法人格を持つ存在はなく、植民地経営を目指した国策会社もなく、大規模投資は困難であった。

　現在のイスラム社会－湾岸諸国では、富は一部の階層に集中しており、様々な投資が可能となっている。湾岸諸国は原油・LNG などの資源輸出による蓄積した国富を、Sovereign Wealth Fund が、国策として運用している。国富は、国民には Pension、税制などで還元されている。

　日本では、所得格差が拡大しているが、税・社会保障などで再配分され、さらに相続税制などもあり、資産の GINI 指数は相対的に低くなっている。しかし国家として国富を運用する時期を逸しており、現在では政府は、国民に投資を奨励しており capital flight が起こってもおかしくない環境にある。

　適切な金融政策と国富のあるべき姿を、さらに議論すべき時期にあると考える。

参考文献

The Moral of Economic Sentiments: Adam Smith

The Protestant Ethic and the Spirit of Capitalism（1905）: Max Weber

On Economic Inequality"（1973）: Amartya Sen

Social Information Organization　Bharain

Social Insurance Organization (sio.gov.bh)

The Public Institution for Social Security Kuwait https://www.pifss.gov.kw › pages

Social Pension Fund Oman https://www.spf.gov.om › home-2

Social Security Administration (.gov) Qatar　https://www.ssa.gov › docs › ssptw

Social Security Administration Saudi Arabia https://www.ssa.gov › docs › ssptw

Pensions and social security for UAE citizens | The Official Portal of the UAE Government

Iranian National Tax Administration (سازمان امور مالیاتی کشور) | LinkedIn https://taxsummaries.pwc.com › iraq

History of Islamic Economic Thought: Muhammad N. Siddiqi 2010

The Long Divergence - How Islamic Law Held Back the Middle East: Timur Kuran, Professor University

The Rise of Near Eastern Bourgeoisie in Early Islamic Times: Shelomo Goitein

The Institute for Advanced Study in Princeton (1900-1985) 1956 University of California Press A Mediterranean Society Volume 1 Economic Foundations

Partnership and Profit in Medieval Islam: Abraham L. Udovitch (1970).

Introduction to Islamic Economics: Hussein Askari, Zamir Iqbal, Abbas Mirakhor

Islamic vs Mainstream Economics- Exploring Difference: Leslie Terebessy

Money Creation and Control from Islamic Perspective: Zubair Hasan

Money Creation and Control from Islamic Perspective: Zubair Hassan

Role and Functions of Central Bank in Islamic Finance: Salman Ahmed Shaikh Fiscal Policy and Growth in the Middle East and North Africa: Sena Eken, Thomas Helbling, and Adnan Mazarei

2023 Article IV Consultation Malaysia By IMF Islamic Monetary Tradition and Practice-A Historical Approach: Muhammad Afriansyah, Asyari Hassan

Crisis in Islamic Economics-Diagnosis and Prescriptions: Asad Zaman

Islamic Monetary Tradition and Practice-Historical Approach: Muhammad Zaki Shafi

A Disputed Utopia: Islamic Economics in Revolutionary Iran: *Comparative Studies in Society and History* in 1994: Sohrab Behdad

巻末寄稿

白川　方明　青山学院大学特別招聘教授（元日本銀行総裁）

ゼロ金利について思うこと
―政策金利、市場金利、中立金利―

　金利（利子率）には様々なコンセプトがあるが、この小論ではゼロ金利に焦点を当てながら、政策金利、市場金利、中立金利の3つを取り上げ、日頃感じていることを述べてみたい。

　インターバンク資金市場で形成される代表的なオーバーナイト金利であるコール・レートは過去30年近くゼロ金利状態にある。日本銀行がいわゆる「ゼロ金利政策」を採用したのは1999年2月であるが、欧米では0.5％の金利水準は事実上、「ゼロ金利」と認識されている。その意味では、日本の「ゼロ金利」は1995年に始まり、2024年7月に日本銀行が金利を0.25％に引き上げた後も続いている。実に30年の長きにわたって金利は実質的にゼロ金利状態にある。ゼロ金利は何故、かくも長きにわたって続いているのだろうか。シンプルに言えば、日本銀行がゼロ金利にしているからゼロ金利が続いているという答えになる。中央銀行がその水準をセットする金利は政策金利と呼ばれ、通常はオーバーナイト物等の短期金利の水準を中央銀行が決定している。日本銀行は短期金利を上記の意味で「ゼロ」にするように政策金利の水準を決定し、それと整合的に日々の金融調節を行っている。金融市場で取引される様々な取引の金利、すなわち市場金利はこの政策金利に関する中央銀行の誘導方針ないし将来の誘導方針に関する予想の影響を受ける。

　しかし、そうであっても、中央銀行は市場金利を全く自由自在にコントロールできる訳ではない。市場金利は政策金利と並んで、経済全体の実体的（リアル）な要因によっても影響を受ける。短期金利は政策金利の影響が大きいが、長期金利については経済の実体から大きく乖離した市場金利水準は長続きしない。例えば、あまりにも低い金利が維持され

ると、インフレが起き、市場金利の水準も上昇する。経済学者は昔から経済全体の実体的（リアル）な要因で決まってくる金利についても議論してきた。リアルな要因を集約した金利概念は自然利子率、中立金利、均衡金利等、様々な名前で呼ばれており、通常はインフレ率を引いた実質金利で語られる（以下この小論では「中立金利」という用語を使う）。中立金利は経済が完全雇用の状態にあり、物価上昇率が加速度的に高まることも低下することもない状態で成立する金利水準である。

　それでは、政策金利、市場金利、中立金利の関係はどう考えれば良いだろうか。最近では、「日本銀行が政策金利をゼロ金利にしているから市場金利もゼロ金利が続いている」という前述の説明ではなく、「中立金利が低いから政策金利もそれに合わせて低くなっており、その結果市場金利も低くなっている」という説明もよく行われている。ゼロ金利が長く続いているのは、政策金利が低いからなのか、それとも中立金利が低いからなのだろうか？

　この問いに答えるために、中立金利についてもう少し深く考えてみよう。グローバル・インフレの発生から先進国の中央銀行は 2022 年から政策金利を引き上げたが、その過程で最終的な金利引上げの着地点（ターミナル・レート）がどの辺にあるかが活発に議論された。ターミナル・レートはリアルな要因で決まる中立金利に目標物価上昇率が上乗せされた水準にあるというのが一般的な理解である。同様の議論は日本でも行われている。中立金利に関する各種の研究をみると、日本の中立金利は－1.0 ～ 0.5％にあるとされ、そうすると、名目ベースの中立金利は目標物価上昇率である 2％を上乗せして 1 ～ 2.5％になる。現在、市場では日本銀行がどの程度の水準までどの程度のスピードで政策金利を引き上げるかに関心が集まっている。上述の推定値が正しいとすると、ターミナル・レートは最低でも 1％になるが、現時点（2024 年 9 月末）では市場金利はそこまでの上昇を織り込んでいない。

　中立金利をベースにした先行きの金利引上げに関するこのような議論の仕方は一般的であるが、2 つの理由から私は若干の違和感を持っている。

第1の理由は、「中立」金利の定義自体に対する違和感である。通常は、中立金利は需給ギャップをゼロにする金利水準として捉えられている。金利がこの水準にあれば経済は大きくは変動しない、つまり「中立」であると理解される。しかし、日本を含め各国の過去40年位の経験を見ると、経済の変動はインフレによってもたらされたのではない。多くの場合、経済の変動はバブルの発生により生じている。日本もそうであったが、バブル期において物価上昇率は低下している。中立金利に関する通常の捉え方をすると、物価上昇率が低いことは需要が供給能力よりも小さいことを意味し、従って中立金利はもっと低い水準にあると推論される。中立金利はもっと低いとなると、政策金利はもっと引き下げないといけないという結論になるが、そうすると、バブルはさらに拡大し、経済の変動はより大きくなる。つまり通常の定義に従うと、「中立金利」は中立ではなくなる。経済の変動に対して真に「中立」ということを考えると、バブルをはじめとする何らかの金融的な不均衡をもたらさないことこそ中立の基準になるべきという考え方もあり得る。「中立金利」と言っても、その定義はひとつではない。

　第2の理由は、中立金利の実際の推定の方法と関わっている。中立金利は概念であり客観的に観察できるものではないので、何らかの方法で推定しなければならない。通常は現実の市場金利や物価上昇率の動き等から逆算する形で行われる。中央銀行がアグレッシブに政策金利を引き下げる一方、物価上昇率は低いままという状態が続くと、中立金利は低いと推計される。この場合、低い水準にあると推定された中立金利はリアルな要因を反映しているというより、単に政策金利を引き下げたという事実を後追いしているに過ぎない。それにもかかわらず、中立金利が低下したと解釈される。つまり、自分の動く影をみて、中立金利が低下したと判断される。そうなると、さらなる政策金利の引下げが正当化される。

　中立金利に基づいて政策金利を変更するというのは魅力的な考え方である。譬えて言うと、中立金利は夜空に浮かぶ「恒星」のような位置付けである。恒星を頼りに航海をするというイメージである。しかし、上

述の2つの違和感の議論が示すように、中立金利は概念的にも計測上も実は恒星ではない。

　以上の議論を踏まえて、日本では何故実質ゼロ金利が何故かくも長く続いているかという問いを考えてみよう。実質的にゼロ金利が長く続いていることには政策金利と中立金利の両方が影響していると思うが、主因は「恒星」としての中立金利が低下したからではなく、日本銀行がゼロ金利政策を長く続けているからという答えになるように見える。市場金利は資源配分、資金配分に大きな影響を及ぼす。例えば、ゼロ金利が長く続くと、民間債務の増加、期間ミスマッチの拡大、新陳代謝の低下による生産性の低下、財政規律の低下による政府債務の増加等の現象が広がる。金融政策の運営に当たっては、そうしたことも含めて総合的に判断することが求められる。

あとがき

　執筆を終えて、本書が学生諸兄にとって、イスラム社会との交流や将来の業務に際し、多少とも参考となれば幸いと存じます。

　イスラムとユダヤの宗教・文化の違いから厳しい対立・紛争が絶えず、キリスト教徒とは十字軍との戦いなどの歴史もあり、対立の絶えない中東と、マスメディアから評されています。

　コーランでも、使徒は神の言葉として、以下の sulah 他を伝えています。

5-51. O you who believe! Do not take the Jews and the Christians as allies; some of them are allies of one another. Whoever of you allies himself with them is one of them. Allah does not guide the wrongdoing people.

　また礼拝において重要な、跪拝すべき方向－キブラ（qiblah）は、当初メディナのユダヤの人々を信頼し、エルサレムを使徒は考えていたとされます。しかし信頼を裏切られ、カアバの地メッカをキブラとして、ユダヤ教徒と訣別したことがあります。

　不世出の学者、井筒俊彦は著書『マホメット』において、使徒は最後の預言者と名乗り、ユダヤ教徒の反感を買ったこと、また三位一体説を否定したことなど、三宗教との違いとユダヤ・キリスト教徒からの反感を指摘しています。しかしいずれも唯一神を崇める聖典の民です。

　アラブ民族とユダヤ民族は、共にセム系民族に属するとされます。関係が近いもの（proximo rum）の憎しみ（odia）ほど、激しいものはないとも言われます。しかしイスラム社会は、ユダヤの人々を寛容に包含していた歴史があります。金利規制・食物摂取制限などイスラム社会とユダヤ社会の宗教・文化には共通点が多くあります。

　現代にいたる紛争と対立の歴史全てを宗教の違い・文化の違いに帰す見方は、皮相的なものと感じられます。欧州でのユダヤ民族の苦難の歴

史と原油をめぐる大国間のせめぎあいなど、植民地政策の帰結として今日の中東があります。対立の責任を、文化・宗教の違いと両民族に課すもので誤りと考えます。中東の指導者が、混迷の中で今日余儀なくされている政治と紛争は、植民政策の清算の過程でもあると感じられます。この意味で欧米の指導者が、中東に平和をもたらすべき責任は重いと思います。中東には一刻も早く平和が訪れ、地域の発展によるかつての輝いていた中東の再来を望んでいます。

　私は、戦後の日本企業の海外進出、国内の産業基盤作りなどの外貨資金調達と貿易を国際金融業務で支えた、外国為替専門銀行東京銀行に勤務し、幸いにも同行渡辺康頭取から直接のご指導を受けました。故小早川俊彦副頭取には、中東ビジネスに誘って頂きました。諸先輩・共に働いた皆様に恵まれたことは感謝申し上げます。同行勤務の『イスラム銀行とイスラム金融』共訳著者、元駐日バハレーン王国代理大使今平和雄氏から、中東勤務とカイロ留学経験に基づく深いご見識を、種々聞かせて頂きました。

　国際通貨研究所では、行天豊雄元理事長にご指導いただきました。
監事、現評議員として、公益財団法人中東調査会の佐々木幹夫同会会長、齋木昭隆理事長他役員、研究者の皆様から貴重な見解を頂いています。プライベートな集い「イスラム会」の主催者、井戸清人元日銀理事・元財務省国際金融局長からは、国際通貨の機微を伺いました。
和歌山大学国際戦略ご担当のマグレビ・ナビル副学長、阿部秀二郎学長補佐からは、経済原理・国際金融・イスラム金融について様々な示唆をいただいています。

　尊敬する白川方明元日銀総裁・現青山学院大学教授からは、ご多用中、貴重なご寄稿を頂いたことに深く感謝申し上げます。

著者プロフィール

渡辺 喜宏　1947年生まれ

東京大学法学部卒　マレーシア・イスラム金融国際教育センター（INCEIF）卒

Chartered Islamic Finance Professional（修士相当）

共訳書バハレーン中央銀行著「イスラム銀行とイスラム金融」

旧東京三菱銀行アジア本部長兼マレーシア現地銀行会長

同行専務取締役グローバルコーポレート部門長

外国為替等審議会専門委員、APECビジネス諮問委員会日本委員・金融経済部会長

国際通貨研究所専務理事、京都大学公共政策大学院他で非常勤講師、事業創造大学院大学教授、学校法人AICJ鷗州学園理事長を務めた

現任国立大学法人和歌山大学経済研究科客員教授・公益財団中東調査会評議員

イスラム金融の原理と経済

2024（令和6）年12月20日　初版発行

著　　者	渡辺　喜宏	
発　　行	株式会社 三省堂書店／創英社	
	〒101-0051　東京都千代田区神田神保町1-1	
	TEL：03-3291-2295　FAX：03-3292-7687	
印刷・製本	株式会社 丸井工文社	

Ⓒ Yoshihiro Watanabe 2024, Printed in Japan.
不許複製
ISBN 978-4-87923-290-8 C0033
落丁・乱丁本はお取替えいたします。
定価はカバーに表示されています。